U0620524

国家自然科学基金项目（项目批准号：72303221）

农产品技术性贸易措施及贸易救济体系研究

贸易规则、影响效应和应对策略

张 伟◎著

Analysis of Trade Technical Measures and
the Trade Remedy System for Agricultural Products:
Trade Rules, Impact Effects, and Strategic Responses

经济管理出版社
ECONOMY & MANAGEMENT PUBLISHING HOUSE

图书在版编目（CIP）数据

农产品技术性贸易措施及贸易救济体系研究 ： 贸易规则、影响效应和应对策略 / 张伟著. -- 北京 ： 经济管理出版社， 2024. -- ISBN 978-7-5096-9892-1

Ⅰ．F746.2

中国国家版本馆 CIP 数据核字第 2024Z9E669 号

组稿编辑：曹　靖
责任编辑：郭　飞
责任印制：许　艳
责任校对：陈　颖

出版发行：经济管理出版社
　　　　　（北京市海淀区北蜂窝 8 号中雅大厦 A 座 11 层　100038）
网　　　址：www.E-mp.com.cn
电　　　话：(010) 51915602
印　　　刷：唐山玺诚印务有限公司
经　　　销：新华书店
开　　　本：720mm×1000mm/16
印　　　张：12
字　　　数：167 千字
版　　　次：2024 年 11 月第 1 版　　2024 年 11 月第 1 次印刷
书　　　号：ISBN 978-7-5096-9892-1
定　　　价：88.00 元

·版权所有　翻印必究·

凡购本社图书，如有印装错误，由本社发行部负责调换。
联系地址：北京市海淀区北蜂窝 8 号中雅大厦 11 层
电话：(010) 68022974　　邮编：100038

目　录

第一章 引言

第一节 研究背景

一、农产品的定义和内涵

根据《中华人民共和国农产品质量安全法》第二条的规定，农产品被定义为"来源于种植业、林业、畜牧业和渔业等的初级产品，即在农业活动中获得的植物、动物、微生物及其产品"。美国农业部把农产品定义为"耕作和放牧活动所形成的产品，如乳品业、养蜂、水产业、家禽和禽蛋生产，以及任何同类活动或类似活动所形成的副产品"。随着时间的推移和社会的发展，"农产品"这一狭义概念已经经历了进一步显著的扩展和深化。从经济发展水平的增长和全球贸易的实践来看，农产品的概念早已超越了初级产品本身，广义的农产品扩展为包含以农业初级产品为基础的加工品和制成品。例如，日本《农林产品标准化和质量标识法》第二条第一款中所提到的农林产品包括饮料、食物、油料和脂类产品，并扩展为农产品、林产品、畜产品和水产品，以及用这些产品作为原料或成分的加工产品。《加拿大农产品法》将农产品定义为动物、植物或动植物产品，以及整个或部分来自动植物的产品，包括所有食品和饮料。

农产品概念的范畴变化不仅体现在农产品种类和形式的多样化上，还体现在其在现代经济和社会中所扮演角色的变化上，即从最初仅指农田和畜牧场直接生产的原材料逐渐演变为一个涵盖了广泛领域的复杂体系。首先，从经济发展角度来看，随着加工技术的进步和消费者需求的变化，农产品的加工和转化变得越来越重要。农产品现在不仅包括原始的农作物和畜产品，也包括这些原材料经过加工后的各种食品和非食品，如罐头食品、冷冻食品、纺织品和生物燃料等。其次，从管理实践的需求出发，随着供应链管理和全球贸易的发展，农产品的生产、加工、分销和销售已经形成了一个错综复杂的网络。因此，农产品的概念扩展到了整个农业价值链，包括原材料的生产、收集、加工、包装、运输、分销和最终的消费。最后，从用途的多样性来看，农产品不再限于食品。随着科技的进步和社会需求的变化，许多农产品被广泛用于非食用目的，如生物材料、生物能源、医药原料等。

在全球贸易实践中，相较于狭义农产品，广义农产品的概念被更为广泛地使用。在各类全球农业贸易协议中，往往把来源于农业的未加工和已经加工的产品全部以农产品的形式加以命名和进行贸易上的谈判。例如，在《中美达成关于中国加入世界贸易组织的协议》中，农产品包括谷物及其谷物产品、棉花等纤维类农产品、奶及其奶制品、动物及其动物产品、油脂产品、鱼类产品以及林业产品等。由此可见，协议中农产品所包含的范围极其广泛，广义农产品的范畴已经在各国的农业生产和贸易中达成共识，在全球农业治理和农产品国际贸易中发挥着非常重要的作用。

二、中国农产品贸易现状

中国作为一个拥有悠久农业历史的农业大国，农业不仅是其经济结构的重要组成部分，更是其维系国家和社会稳定的根基，农业的繁荣直接关系亿万民众的饮食安全和生活质量。因此，农业、农村和农民的"三农"问题在中国的政治经济活动中一直占据举足轻重的地位。随着全球化的深入发展，各国之间的经济联系日益紧密，农产品作为人们生活中不可或缺的要素，在全球贸易中扮演着至关重要的角色。中国农产品国际贸易是中国经济发展的重要组成部分，深刻影响了广大民众的日常生活与消费模式，更为重要的是，农产品国际贸易的发展还紧密关联涉农产业链的健康稳定发展，以及中国政府提出的共同富裕和乡村振兴战略的实现。

在全球化的大背景下，国际农产品贸易呈现日益自由化的趋势，中国作为农业大国，深度参与了全球农产品贸易。从2001年中国正式加入世界贸易组织（World Trade Organization，WTO）以来，中国农产品进出口贸易呈现迅猛的增长趋势，中国农产品贸易总额由2001年的279亿美元增长到2023年的3330.4亿美元，增加10.9倍，年均增长率为11.9%；其中，进口额由118.5亿美元增长到2341.1亿美元，增加18.8倍，年均增长率为14.5%；出口额由160.5亿美元增长到989.3亿美元，增加5.2倍，年均增长率为8.6%。如此迅猛的增长不仅标志着中国在全球农产品市场中占据重要的地位，也反映出中国农业及其相关产业的快速发展和适应国际市场能力的显著提升。如今，中国不仅是世界上最大的农产品进口国，同时也成为全球第五大农产品出口国，这一地位的确立对中国乃至全球的农产品贸易格局都产生了深远的影响。

然而，贸易自由化趋势的不断发展同时也带来了贸易保护措施上新的挑战和变化。随着各国政府对环境保护和人民健康的重视程度不断提

高，在农产品贸易的透明度得到显著增强的同时，传统的关税壁垒正在
逐渐被非关税壁垒所取代。其中，技术性贸易措施以提高产品质量标准、
加强检疫检验要求、提高环保标准等形式出现，逐渐成为一种更为隐蔽
且应用更为广泛的贸易限制手段，给农产品出口国带来了全新的挑战。
随着中国农业进一步向世界开放，农产品在国际贸易中的参与度不断提
高，与世界农业市场的连接日益加强，因而受技术性贸易措施影响的程
度不断加深。技术性贸易措施已经成为制约中国农产品出口贸易稳定发
展的主要障碍之一。中国商务部的调查显示，超过90%的中国涉农出口
企业受国外技术性贸易措施的影响，其中超过95%的贸易壁垒来自美国、
欧盟和日本。除了这些发达国家之外，来自阿根廷、印度等发展中国家
的技术性贸易措施也呈现显著增长的趋势。如何在日益苛刻和严峻的贸
易环境下更好地保护中国农产品出口企业的核心利益，就成为我国迫切
需要探讨和解决的问题。

面对这种形势，中国需要深入分析农产品国际贸易的新趋势和新挑
战，采取有效措施应对技术性贸易措施，以保障中国农产品在国际市场
上的竞争力和可持续发展能力。这不仅需要政府层面的政策支持和引导，
也需要农产品生产企业加强自身建设，提高技术水平和产品质量，共同
推动中国农产品贸易的健康稳定发展。

三、技术性贸易措施的演化

关税壁垒和非关税壁垒是贸易保护的两类主要手段，两者在国际政
治和经济的不断变迁中也在不断调整变化。第二次世界大战后到20世纪
70年代中期，关税措施是国际贸易领域内主要的进口限制措施。第二次
世界大战结束后，随着关贸总协定（General Agreement on Tariffs and
Trade，GATT）的签订和实施，平均关税额度在全球范围内逐步降低。在
这一过程中，包括配额制、进口许可证制度等在内的诸多非关税措施作

为调节国际贸易的手段开始逐步出现。20 世纪 70 年代中期以后，随着多轮 GATT 谈判的推进，全球关税水平显著下降。但与此同时，各国开始更加频繁地使用非关税措施来保护本国产业和调控市场，例如技术性贸易壁垒、卫生和植物卫生措施、反倾销和反补贴措施等，使国际贸易中保护措施的实施侧重点由关税措施转向非关税措施。20 世纪 90 年代中叶以后，世界贸易组织（WTO）的成立标志着国际贸易体制进入一个新的阶段。WTO 提供了一个多边贸易系统，旨在进一步降低关税并对非关税措施进行更加严格的规范和监管。尽管如此，随着全球经济一体化和贸易自由化的深入发展，非关税措施仍然是许多国家用来保护本国市场、促进公共安全、保护消费者和环境的重要工具。特别是在农食产品安全及其相关的技术标准领域，非关税措施的使用愈加广泛化和复杂化。进入 21 世纪以后，在全球化和区域经济一体化的背景下，非关税措施已经成为农产品国际贸易中极为重要的一环。非关税措施不仅关乎贸易政策，还涉及公共政策领域，如环境保护、知识产权保护等。因而，非关税措施的透明度、合理性和非歧视性成为国际社会关注的焦点。

技术性贸易措施是农产品国际贸易非关税措施中最主要的类型，包括技术性贸易壁垒（Technical Barriers to Trade，TBT）和卫生与植物卫生措施（Sanitary and Phytosanitary Measures，SPS）等。技术性贸易措施在世界范围内的使用日益受到关注，其主要原因如下：第一，全球化和贸易自由化的发展。随着全球化的深入发展和贸易壁垒的降低，国家之间的贸易往来更加频繁，日益开放的全球市场增加了贸易规模和贸易伙伴的多样性。各国为了保护消费者健康、维护良好的生态环境、保障国内农业产业的生存和公平竞争，增强了对进口农产品的质量、安全性、环保标准等方面的关注，进而逐渐加强了对进口农产品的技术性要求。第二，农产品国际贸易竞争加剧。全球化和贸易自由化倡导降低或取消关税壁垒以促进贸易流通。随着全球范围内关税水平的普遍下降，非关税措施特别是技术性贸易措施，常常在激烈的国际竞争中被用作保护本国产业的重要工具。一方面，各国使用技术性贸易措施来保护本国产业免受外国农产品的不公平竞争；另一方面，各国也致力于提高本国产品的国际竞争力，遵循和推广国际和目标市场认可的技术标准以帮助本国企业更容易地进入外国市场。因此，技术性贸易措施也被视为一种提升本国产品国际竞争力的手段。第三，消费者健康和环保意识的增强。随着消费者对健康和食品安全的要求提高，各国政府和国际组织越来越倾向于通过技术性贸易措施来设定更高的农产品安全和质量标准，以确保进口农产品符合进口国的健康和安全要求，保护消费者免受有害农产品的伤害。技术性贸易措施通过设定环保标准和认证程序，促进农产品国际贸易满足消费者对环保产品的需求。因此，非关税措施不再局限于贸易政策层面，其本身的关注点也越来越多地从进口配额、进口许可证等转向质量、安全、环保等公共需求领域。

第二节　研究意义

一、理论意义

在理论层面上，深入研究在全球贸易中扮演着越发重要角色的技术性贸易措施对农产品贸易的影响具有重要意义。随着传统关税壁垒的逐步降低，技术性贸易壁垒成为影响国际贸易流向和贸易结构的关键因素之一。在农产品领域，由于涉及食品安全和公共卫生等敏感问题，技术性贸易措施的应用尤为广泛和复杂。然而，现有理论研究往往集中于关税和配额等传统贸易政策，对技术性贸易措施的探讨不够深入，特别是对技术性贸易措施如何通过影响市场准入条件、增加贸易成本等方式影响农产品出口的具体机制上缺乏明确的理论框架。

此外，对技术性贸易措施的影响分析，现有研究往往忽视了其动态性。技术性贸易措施在短期内可能导致贸易流量的波动和市场重组，而长期来看则可能促进农业产业升级和技术革新。由于发展中国家需要在保护本国农业和提高出口竞争力之间找到平衡，因而此类动态变化对发展中国家尤为重要。因此，研究不仅需要分析技术性贸易措施对农产品出口的短期影响，还需要研究此类措施如何影响农产品的生产方式、质量控制和供应链管理，以及这些变化如何反向影响农产品出口国的国际竞争力。

二、现实意义

在现实层面上，现有对技术性贸易措施的案例研究往往局限于个别事件或特定国家的经验，缺乏系统性和比较性的研究。因而，现有研究对技术性贸易措施全貌的认知受限，尤其是在技术性贸易措施如何受到国际规则（如 WTO 规则）制约、如何与国家发展战略和产业政策相互作用方面的分析较为匮乏。此外，对如何有效应对技术性贸易措施的策略研究也相对较少。例如，如何通过提高产品标准和质量、加强国际合作、利用国际争端解决机制等方式来减轻技术性贸易措施的负面影响，这些都是需要进一步探讨的问题。

因此，深入研究技术性贸易措施对中国深度参与国际农产品贸易具有重要价值。首先，技术性贸易措施在确保贸易公平性方面起着关键作用。农产品国际贸易与 SPS、TBT 等多种形式的技术性贸易措施高度关联。识别此类隐性贸易壁垒对国际贸易组织和国家政府在制定更加公正和透明的贸易规则方面至关重要。通过深入研究现有的技术性贸易措施，可以揭示此类措施在实践中如何成为贸易保护的手段，提高贸易实践中对隐性贸易壁垒的认知。其次，技术性贸易措施对保护消费者健康起到了不可或缺的作用。此类措施通过保证进口农产品符合国家设定的安全和卫生标准，提高了食品安全水平，减少了公共健康事件的发生。例如，SPS 措施旨在防止疾病、害虫和有害物质通过农产品贸易传播，从而保护国内市场和消费者免受食品源性疾病和其他健康风险的影响。最后，技术性贸易措施在提升环境保护标准方面也发挥着重要作用。技术性贸易措施通过限制或禁止有害化学品和物质的进口，减少了环境污染和生态破坏，促进可持续农业和贸易实践，维护了生物多样性和生态系统的平衡。此外，在促进本国产业发展方面，技术性贸易措施通过设定技术标准和质量要求，鼓励农业的相关产业采用先进技术和生产方法，提高产品质量和自身竞争力，从而在国际市场上取得更好的竞争地位。同时，对新兴产业和关键产业，技术性贸易措施可以保护和帮助此类产业在国际竞争中生存和成长。

本书力图在理论层面厘清技术性贸易措施对我国农产品出口贸易的影响机理，在现实层面总结和完善相关现有的技术性贸易壁垒相关条款，分析中国在国际农产品市场上所遭遇的技术性贸易措施相关案例，进而提出规避或者降低农产品出口过程中技术性贸易措施的影响，为中国及广大发展中国家应对技术性贸易措施提供理论和现实的参考依据。

第三节　研究方法

本书通过对现有技术性贸易措施相关的书籍、学术文献以及研究报告进行筛选和梳理，明确核心概念，总结研究结论，深化案例分析，进而对技术性贸易措施在国际贸易中的最新研究动态和趋势进行全面了解。

同时，本书参考了包括国家和省级的统计年鉴在内的多种数据来源，以及专业的贸易数据网站，如联合国贸易数据库（UN Comtrade）和世界银行数据库等。通过这些数据，我们能够对技术性贸易措施的实施情况以及对农产品贸易流量和模式的影响进行量化分析，从而获得更加深入和细致的洞察。

此外，本书通过案例分析进一步探讨了技术性贸易措施在实际农产品贸易中的应用和效果。通过研究一系列具体的、实际发生的案例，理解技术性贸易措施农产品贸易实践中的合理利用，以及它们在维护农产品国际贸易秩序和保护公众健康方面的作用和效果。

第二章　中国农产品贸易现状

第一节　中国农产品贸易结构

一、农产品分类方式

目前国际社会对农产品的分类主要采用联合国"标准国际分类（Standard International Trade Classification，SITC）"和世界海关组织"协调商品名称和编码体系（Harmonized Commodity Description and Coding System，HS）"两种分类方法。两种分类方法对农产品的种类划分不完全一致，每种农产品名类下的内容存在差异。

依据联合国 SITC 商品分类体系，农产品的范围主要集中在 0 类、1 类、2 类和 4 类，具体农产品 SITC 编码如表 2-1 所示。

表 2-1 农产品 SITC 编码

内容	产品构成
0 类 食品及活物	00 章 活动物；01 章 肉及肉制品；02 章 乳品及蛋品；03 章 鱼、甲壳类、软体类动物及其制品；04 章 谷物及其制品；05 章 蔬菜及水果；06 章 糖、糖制品及蜂蜜；07 章 咖啡、茶、可可、调味料及其制品；08 章 饲料（不包括未碾磨谷物）；09 章 杂项食品
1 类 饮料及烟类	11 章 饮料；12 章 烟草及其制品
2 类 非食用原料（燃料除外）	21 章 生皮及生羊毛；22 章 油籽及含油果实；23 章 生橡胶（包括合成橡胶及再生橡胶）；24 章 软木及木材；25 章 纸浆及废纸；26 章 纺织纤维（羊毛除外）及其肥料；27 章 天然肥料及矿物（煤、石油及宝石除外）；28 章 金属矿砂及金属废料；29 章 其他动植物原料
4 类 动植物油、脂及蜡	41 章 动物油、脂；42 章 植物油、脂；43 章 已加工的动植物油、脂及动植物蜡

资料来源：联合国统计委员会制定的《国际贸易标准分类》。

依据世界海关组织 HS 商品分类体系，农产品的范围主要集中在 HS01 至 HS52 的产品，具体农产品海关 HS 编码如表 2-2 所示。本书以 HS 商品分类体系来分析农产品国际贸易。

表 2-2 农产品海关 HS 编码

HS 编码	产品名称	HS 编码	产品名称
01	活动物	15	动、植物油、脂及其分解产品；精制的食用油脂；动、植物蜡
02	肉及食用杂碎	16	肉、鱼、甲壳动物、软体动物及其他水生无脊椎动物的制品
03	鱼、甲壳动物、软体动物及其他水生无脊椎动物	17	糖及糖食
04	乳品；蛋品；天然蜂蜜；其他食用动物产品	18	可可及可可制品
05	其他动物产品	19	谷物、粮食粉、淀粉或乳的制品；糕饼点心

续表

HS 编码	产品名称	HS 编码	产品名称
06	活树及其他活植物；鳞茎、根及类似品；插花及装饰用簇叶	20	蔬菜、水果、坚果或植物其他部分的制品
07	食用蔬菜、根及块茎	22	饮料、酒及醋
08	食用水果及坚果；甜瓜或柑橘属水果的果皮	24	烟草、烟草及烟草代用品的制品
09	咖啡、茶、马黛茶及调味香料	41	生皮和毛皮
10	谷物	43	毛皮、人造毛皮及其制品
11	制粉工业产品；麦芽；淀粉；菊粉；面筋	50	丝绸
12	含油子仁及果实；杂项子仁及果仁；工业用或药用植物；稻草、秸秆及饲料	51	动物粗毛及其机织物
13	虫胶；树胶、树脂及其他植物叶、汁	52	棉花
14	编结用植物材料；其他植物产品		

资料来源：世界海关组织制定的《商品名称及编码协调制度》。

二、中国农产品贸易规模与份额

自 2001 年中国加入 WTO 以来，中国农产品进出口额呈现稳定上升的趋势。如图 2-1 所示，中国农产品出口额从 2001 年的 217.2 亿美元增长到 2023 年的 898.5 亿美元，增长 313.7%。中国农产品进口额从 2001 年的 172.5 亿美元增长到 2023 年的 2157.0 亿美元，增长 1150.4%。然而，中国农产品的进出口所占总贸易量的比例发生了重大变化。农产品出口比例由 2001 年的 55.7% 下降到 2023 年的 29.4%，而进口比例则由 2001 年的 44.3% 上升到 2023 年的 70.6%。以上数据说明，我国农产品在贸易规模不断扩大的同时，对进口的依赖逐步加深，当前中国农产品贸易以进口贸易为主。

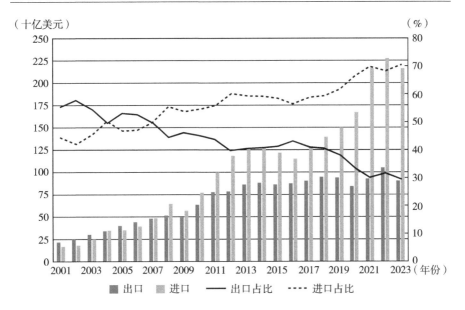

图 2-1　中国农产品进出口贸易总量及进出口所占比例

资料来源：UN Comtrade Database。

　　图 2-2 为世界农产品进出口总额和中国农产品占世界农产品贸易总量比例的变化趋势。世界农产品贸易量在过去 20 年里呈现显著的增长趋势，进出口总额分别由 2001 年的 5073.8 亿美元和 4906.1 亿美元增长到 2023 年的 15425.5 亿美元和 15548.2 亿美元，增长率分别为 204.0% 和 216.9%。中国农产品出口额在世界的占比由 2001 年的 4.4% 增长至 2023 年的 5.8%，增幅达 31.8%。中国农产品进口额在世界的占比由 2001 年的 3.4% 增长到 2023 年的 14.0%，增幅高达 311.8%。结果表明，中国农产品贸易在近二十年越发活跃，进口和出口在世界农产品贸易中的份额逐年增高。其中，农产品进口份额增长速度远高于农产品出口份额增长速度，充分表明中国对世界农产品市场的依赖逐步加深。

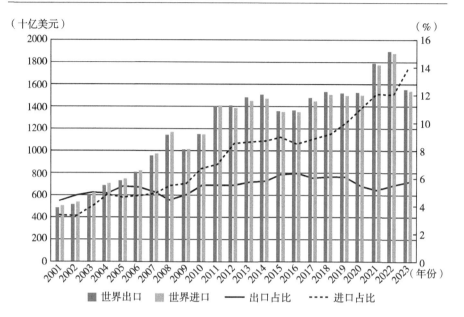

图 2-2 世界农产品进出口额和中国农产品贸易占世界进出口比例

资料来源：UN Comtrade Database。

中国农产品贸易的市场结构如表 2-3 所示，亚洲、欧洲、北美洲和南美洲是中国农产品贸易的重点地区。其中，亚洲、欧洲和北美洲是中国农产品主要的出口市场，亚洲、北美洲和南美洲是中国农产品的主要进口市场。

表 2-3 2022 年中国农产品贸易区域分布 单位：亿美元

区域	贸易额			
	进出口	出口额	进口额	差额
合计	3343.2	982.6	2360.6	−1378.0
亚洲	1099.0	604.8	494.1	110.7
欧洲	483.9	169.4	314.5	−145.1
北美洲	637.0	131.0	505.9	−374.9
非洲	88.1	36.1	52.0	−15.8

续表

区域	贸易额			
	进出口	出口额	进口额	差额
大洋洲	253.1	20.8	232.3	-211.6
南美洲	782.1	20.4	761.7	-741.3

资料来源：《中国农产品贸易发展报告 2023》。

三、中国农产品进出口贸易布局现状

（一）中国农产品出口贸易现状

中国农产品主要出口市场以东亚、东南亚、欧盟为主。在东亚，中国农产品主要出口国（地区）为中国香港、日本和韩国，2001～2023 年中国对日本农产品出口总额达 2059.7 亿美元，占中国出口总份额的 13.2%，对韩国农产品出口总额达 982.4 亿美元，总份额达 6.3%。东盟与中国建立了紧密的经贸联系，随着中国和东盟农产品经贸合作不断加深，农产品贸易量也在不断增加。截至 2023 年，中国对东盟的农产品累计出口贸易额为 3053.5 亿美元，占总出口的份额为 19.5%。中国香港也是中国重要的出口市场，截至 2023 年，中国对中国香港的农产品累计出口贸易额为 2075.6 亿美元，占总出口的份额为 13.3%。

中国主要农产品出口市场如图 2-3 所示，东盟在中国农产品出口市场中的比重稳步增加，出口占比从 2001 年的 7.3% 增长到 2021 年的 27.5%，位居各国（地区）出口量的首位，凸显了中国和东盟各国愈加紧密的贸易往来。与之相比，出口到中国香港和日本的比重在逐年下滑，分别由 2001 年的 21.2% 和 27.8% 下降到 11.1% 和 10.4%。与之相比，中国对韩国的农产品出口比例较为稳定，由 2001 年的 9.2% 小幅下降到 2022 年的 6.5%。综上所述，东盟已成长为中国最大的农产品出口市场，中国香港、日本和韩国仍为中国重要的出口市场。

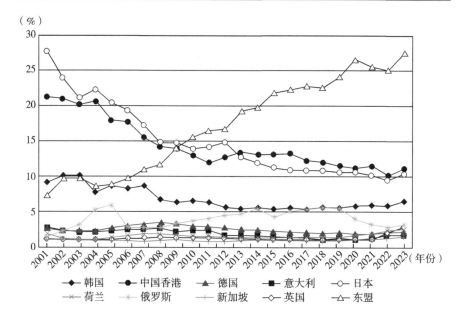

图 2-3　中国主要农产品出口市场

资料来源：UN Comtrade Database。

2001~2023 年中国农产品累计出口额及份额明细如表 2-4 所示，鱼、甲壳动物、软体动物及其他水生无脊椎动物（HS03），食用蔬菜、根及块茎（HS07），肉、鱼、甲壳动物、软体动物及其他水生无脊椎动物的制品（HS16），蔬菜、水果、坚果或植物其他部分的制品（HS20），棉花（HS52）为中国主要出口农产品类型，这五类农产品累计出口总额占比达59.8%。其中，棉花（HS52）占比为17.1%，为出口占比最高的农产品类型。

表 2-4　2001~2023 年中国农产品累计出口额及份额明细

单位：亿美元，%

HS 编码	累计出口额	份额	HS 编码	累计出口额	份额
01	111.63	0.71	15	204.48	1.30
02	200.20	1.27	16	1653.02	10.50

续表

HS 编码	累计出口额	份额	HS 编码	累计出口额	份额
03	2067.75	13.14	17	282.54	1.80
04	109.97	0.70	18	62.97	0.40
05	367.73	2.34	19	322.32	2.05
06	61.37	0.39	20	1405.40	8.93
07	1598.69	10.16	22	337.07	2.14
08	815.56	5.18	24	363.02	2.31
09	498.13	3.17	41	186.49	1.18
10	218.98	1.39	43	556.31	3.53
11	121.21	0.77	50	271.76	1.73
12	515.66	3.28	51	469.58	2.98
13	225.90	1.44	52	2686.30	17.07
14	24.12	0.15			

资料来源：UN Comtrade Database。

中国前八大农产品出口类型如图 2-4 所示，其中包括鱼、甲壳动物、软体动物及其他水生无脊椎动物（HS03）；食用蔬菜、根及块茎（HS07）；食用水果及坚果（HS08）；含油子仁及果实（HS12）；肉、鱼、甲壳动物、软体动物及其他水生无脊椎动物的制品（HS16）；蔬菜、水果、坚果或植物其他部分的制品（HS20）；毛皮、人造毛皮及其制品（HS43）；棉花（HS52）。其中，棉花（HS52）的出口比重下降较为显著，由最高值的 20.8% 下降到当前的 10.5%。食用水果（HS08）的出口比重上升趋势较为明显，从 2001 年的 2.0% 增长到 2020 年的最高值 8.4%，随后下降到 2023 年的 5.8%。毛皮、人造毛皮及其制品（HS43）出口波动比较大，最高时为出口占比的 6.5%，最低时仅为 1.4%。其余出口品类占出口比例比较稳定。

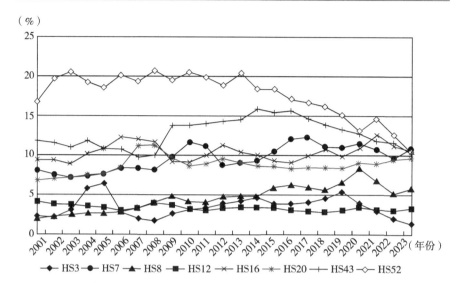

图 2-4　中国主要农产品出口类型

资料来源：UN Comtrade Database。

（二）中国农产品进口贸易现状

中国主要农产品进口市场如图 2-5 所示，美国在很长一段时间内是中国农产品最主要的进口市场，其进口占比曾一度达 23.9%。从 2016 年开始，随着中美贸易争端在农业领域的博弈越发激烈，自美国进口的农产品比例大幅减少至 2019 年的 8.6%，随后开始反弹，2023 年反弹至 13.9%。与之相比，中国对来自东盟和巴西的农产品进口量稳定增长，并逐步成为中国重要的进口市场，其份额分别由 2001 年的 9.5% 和 5.0% 增长到 2023 年的 17.2% 和 27.3%。其中，来自巴西的进口份额增长最为显著，在中美贸易争端后，巴西逐渐取代美国成为中国最主要的农产品进口来源地。

2001~2023 年中国农产品累计进口额及份额明细如表 2-5 所示，肉及食用杂碎（HS02），含油子仁及果实（HS12），动、植物油、脂及其分解产品（HS15），棉花（HS52）为中国主要出口农产品类型，这四类农

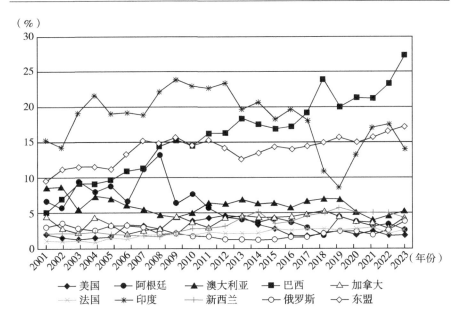

图 2-5　中国主要农产品进口市场

资料来源：UN Comtrade Database。

产品累计出口总额占比为 56.4%。其中，含油子仁及果实（HS12）占比为 30.5%，为进口占比最高的农产品类型。

表 2-5　中国农产品累计进口额及份额明细

单位：亿美元，%

HS 编码	累计进口额	份额	HS 编码	累计进口额	份额
01	84.89406168	0.36	15	1957.745883	8.23
02	2066.541117	8.69	16	44.56038638	0.19
03	1638.893092	6.89	17	347.6364912	1.46
04	830.4223415	3.49	18	124.350193	0.52
05	119.5763315	0.50	19	690.3563905	2.90
06	35.76451894	0.15	20	177.6813937	0.75
07	378.143288	1.59	22	678.0393839	2.85

续表

HS 编码	累计进口额	份额	HS 编码	累计进口额	份额
08	1274.660532	5.36	24	265.1180874	1.11
09	111.6000868	0.47	41	1174.861173	4.94
10	1290.838579	5.43	43	166.4107378	0.70
11	183.3090945	0.77	50	21.23533	0.09
12	7260.887845	30.53	51	656.3285742	2.76
13	47.89123905	0.20	52	2121.880301	8.92
14	32.72784007	0.14			

资料来源：UN Comtrade Database。

中国前八大农产品进口类型如图 2-6 所示，包括肉及食用杂碎（HS02）；鱼、甲壳动物、软体动物及其他水生无脊椎动物（HS03）；食用水果及坚果（HS08）；谷物（HS10）；含油子仁及果实（HS12）；动、植物油、脂及其分解产品（HS15）；生皮及毛皮（HS41）；棉花（HS52）。由图 2-6 可知，我国含油子仁及果实（HS12）进口量巨大，总进口额占比从 2001 年的 19.4%增长到 2009 年的最高值 36.6%，并长期稳定在进口总额比例的高位。我国的棉花（HS52）进口呈现较为显著的萎缩状态，从 2006 年最高值的 23.2%减少到 2023 年的 4.0%。肉及食用杂碎（HS02）的进口比例呈现比较显著的增长，从 2001 年的 3.5%增长到 2023 年的 11.9%。生皮及毛皮（HS41）的进口呈现显著下降的趋势，占比从 2001 年的 18.4%下降到 2022 年的 1.3%。

（三）中国农产品主要贸易类型

依据所需要素密集程度来划分，农产品可被划分为土地密集型、劳动密集型、资本密集型和资源密集型。土地密集型以粮食作物为主，如大豆、玉米、水稻等；劳动密集型以劳动投入占比高的农产品为主，如蔬菜和水果；资本密集型以动物、肉类等高价值农产品为主；资源密集型与农业产业链紧密相关，如棉花和糖类等。表 2-6 为各种要素密集型农产品 HS 编码分类明细。

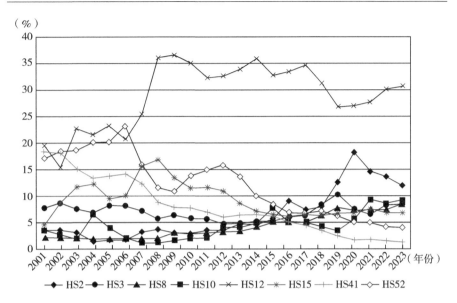

图 2-6 中国主要农产品进口类型

资料来源：UN Comtrade Database。

表 2-6 要素密集型农产品分类

农产品类型	分类依据	HS 编码
土地密集型	粮食作物为主	10、12
劳动密集型	劳动投入占比高的农产品为主	05、06、07、08、09、11、14、16、18、19、20、22、41、43、50、51
资本密集型	高价值农产品为主	01、02、03、04
资源密集型	产业链紧密相关农产品为主	13、15、17、24、52

资料来源：UN Comtrade Database。

农产品出口类型布局如图 2-7 所示，我国主要出口农产品类型为劳动密集型农产品，且出口额在过去二十年得到长足增长，从 2001 年的 114.2 亿美元增长到 2023 年的 560.1 亿美元，增长率达 390.5%。资本密集型农产品和资源密集型农产品出口额也得到了显著增长，从 2001 年的 39.7 亿美元和 43.9 亿美元分别增长到 2023 年的 126.7 亿美元和 286.4 亿

美元，增长率分别达 219.1% 和 552.4%。土地密集型农产品出口额同样
有显著增长，从 2001 年的 19.5 亿美元增长到 2023 年的 43.3 亿美元，增
长率为 122.1%。

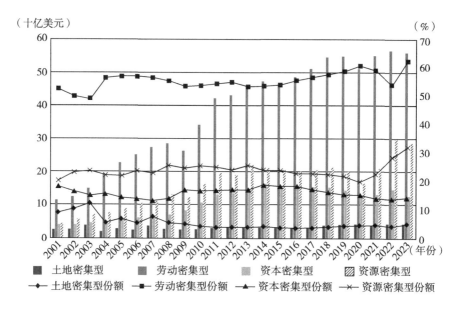

图 2-7　中国主要农产品出口类型布局

资料来源：UN Comtrade Database。

　　土地密集型农产品、劳动密集型农产品、资本密集型农产品和资源
密集型农产品所占的平均出口份额分别为 5.4%、55.5%、15.9% 和
23.8%。其中，土地密集型农产品出口占比下降幅度较为明显，由
2001 年的 9.0% 下降到 2023 年的 4.8%，减少 46.7%。资源密集型农产品
出口占比增长幅度较为明显，由 2001 年的 20.2% 增加到 2023 年的
31.9%，增长 57.9%。其余类型农产品出口份额较为稳定，变化率较小。
以上数据说明中国以劳动密集型农产品出口为主，以资本密集型农产品
和资源密集型农产品为辅，土地密集型农产品在出口中所占份额越来
越小。

中国农产品进口类型布局如图 2-8 所示，四种类型的农产品进口量在过去二十年里都得到了显著的增长。其中，增长最为显著的是土地密集型农产品，从 2001 年的 39.5 亿美元增长到 2023 年的 892.7 亿美元，增长率为 2160.0%，成为当下我国最为重要的农产品进口类型。资本密集型农产品从 2001 年的 21.8 亿美元增长到 2023 年的 540.0 亿美元，增长率为 2377.1%，是增长最快的农产品进口类型。劳动密集型农产品从 2001 年的 67.2 亿美元增长到 2023 年的 505.2 亿美元，增长率为 651.8%。资源密集型农产品从 2001 年的 43.9 亿美元增长到 307.2 亿美元，增长率为 599.8%。

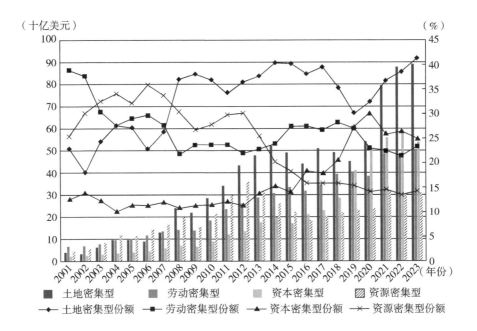

图 2-8　中国主要农产品进口类型布局

资料来源：UN Comtrade Database。

土地密集型农产品和资本密集型农产品的进口份额增长较快，分别从 2001 年的 22.9% 和 12.7% 增长到 2023 年的 41.4% 和 25.0%。劳动密集型和资源密集型农产品的进口份额下降较为显著，从 2001 年的 39.0%和 25.5%下降到 2023 年的 23.4%和 14.2%。相较于出口，中国进口农产品类型变化较为剧烈，土地密集型农产品和资本密集型农产品逐渐成为中国农产品的主要进口类型。

四、中国主要农产品贸易伙伴

(一) 东盟

东盟是全球主要的稻谷产地和第一大棕榈油产地。2022 年，印度尼西亚、越南、泰国、缅甸和菲律宾的大米产量都超过 1200 万吨，占全球总产量的比重超过 22.8%。其中，泰国和越南是全球重要的大米出口国，两国在 2022 年占全球大米出口量的比重分别为 15.3%和 12.7%。2022年，印度尼西亚棕榈油产量为 4550 万吨，占全球产量的 58.7%。印度尼西亚和马来西亚两国棕榈油产量占全球的比重约为 85%，出口量占比超过全球出口量的 88%。

东盟是中国的第一大农产品出口市场和第三大农产品进口来源地，中国出口到东盟的农产品大类主要包括水产品、蔬菜、水果、饮品类、糖料及糖等。中国进口自东盟的农产品主要包括水果、植物油、水产品、粮食制品和薯类。2022 年中国与东盟主要贸易产品如表 2-7 所示。

表 2-7　2022 年中国与东盟主要贸易产品　单位：亿美元，%

出口产品	出口额	占比	进口产品	进口额	占比
水产品	54.9	23.1	水果	94.5	25.6
蔬菜	49.8	21.0	植物油	71.2	19.2
水果	33.3	14.0	水产品	45.2	12.2
饮品类	10.4	4.4	粮食制品	26.6	7.2
糖料及糖	10.0	4.2	薯类	20.4	5.5

资料来源：中国海关。

（二）美国

美国是全球主要的农产品生产国和最大的农产品出口国，以出口谷物和肉类为主，如玉米、大豆、小麦、牛肉、鸡肉、猪肉等。同时，美国是中国第二大农产品进口来源地和第三大出口市场。中国主要进口美国的谷物和肉类，如大豆、玉米、高粱等，以及向美国出口水产品，如鳕鱼、罗非鱼等。2022年中国与美国主要贸易产品如表2-8所示。

表2-8　2022年中国与美国主要贸易产品　单位：亿美元，%

出口产品	出口额	占比	进口产品	进口额	占比
鳕鱼	6.1	6.0	大豆	191.9	45.4
罗非鱼	4.3	4.2	玉米	52.8	12.6
植物汁液及浸膏	3.6	3.5	原棉	30.6	7.3
宠物食品	2.7	2.6	高粱	23.9	5.7
墨鱼及鱿鱼	2.6	2.5	牛肉	17.4	4.1

资料来源：中国海关。

（三）巴西

巴西是全球主要的农产品生产国和贸易国，也是中国第一大农产品进口来源地。巴西生产多种农产品，不仅包括谷物，如大豆和玉米，也包括多种经济作物，如咖啡、柑橘等。中国从巴西进口的谷物产品以大豆为主，占从巴西农产品进口额的比重约为71.2%；肉类以牛肉为主，占从巴西农产品进口额的比重约为14.4%。此外，中国还从巴西进口多种经济作物，如咖啡、柑橘汁等。

（四）欧盟

欧盟是中国农产品第三大进口来源地和第一大出口市场。2022年中国与欧盟主要贸易产品如表2-9所示。

表2-9　2022年中国与欧盟主要贸易产品　单位：亿美元，%

出口产品	出口额	占比	进口产品	进口额	占比
化学改性动植物油脂	13.8	11.9	奶粉	34.0	17.9
鳕鱼	8.1	7.0	葡萄酒	23.6	12.4
肠衣	4.9	4.2	猪肉	20.7	10.9
动物油脂	4.7	4.1	肉杂碎	15.4	8.1
宠物食品	3.9	3.3	小麦	6.1	3.2

资料来源：中国海关。

第二节　中国农产品贸易面临的挑战

一、中国农产品国际竞争力下降

中国农产品国际竞争力下降和出口增速下滑由多种原因共同造成。第一，中国农产品出口以传统农产品为主，如大米、小麦和棉花等，此类农产品在国际市场上价格竞争激烈。然而，中国的劳动力成本和农业生产成本在过去二十年里迅速上涨，使中国生产的农产品在价格竞争方面处于劣势，极大地削弱了国内农产品的国际竞争力。第二，由于世界经济的不景气，海外市场对农产品的消费需求增长缓慢。与此同时，一些新兴农产品和高附加值产品的生产和出口受到限制，进一步削弱了农产品的出口增速。第三，部分来自东南亚的农产品对中国农产品出口形成了高度替代，加剧了市场竞争，而中国农产品在国际市场上的知名度和品牌影响力不足，缺乏有效的市场推广和品牌建设，限制了中国农产品在国际市场上的竞争力。第四，国际贸易环境的不确定性增加，来自海外市场的贸易壁垒和贸易争端也为中国农产品出口制造了诸多壁垒，持续性地阻碍中国农产品出口。

二、国内外农产品差价严重倒挂

自 2008 年国际金融危机后，国际农产品价格波动趋缓，进入下行周期。相比之下，中国农产品劳动力、土地成本和生态成本都显著提高，使中国农业成本快速上升。快速上升的农产品成本使农户的生产利润缩水，严重打击了农户的生产积极性和威胁了我国的粮食安全。为了维护农户的必要利润和生产积极性，我国开启了主要农产品的政策性收购，进一步提升了国内农产品价格，尤其是粮食产品的价格。国内逐渐高起的农产品价格和国外进入下行通道的农产品价格形成严重的价格倒挂，进一步驱动和扩大了农产品进口，打击了农产品出口。大量进口的海外农产品进一步对国内市场造成严重挤压，形成恶性循环。

此外，中国加入 WTO 所承诺的农产品进口调控手段十分有限，无法使用进口许可和数量限制等措施，且农产品平均进口关税仅为 15%，远低于世界平均值。由于农产品市场高度开放和国内农产品生产价格高企，导致中国难以采用有效手段应对严重倒挂的农产品价差。

三、进口来源过于集中，进口稳定性受到挑战

目前，我国农产品进口高度集中。第一，我国自北美洲、南美洲和大洋洲的农产品金额比重已经超过 60%，美国、巴西、阿根廷、澳大利亚和加拿大占总进口额的一半以上。第二，我国农产品进口主要集中在

少数产品，尤其是粮食作物，包括大豆、玉米、高粱、小麦等。而粮食作物来自以上五国的比例占90%以上。第三，进口农产品的渠道高度集中于少数几家跨国公司。高度集中的农产品进口格局给我国粮食安全带来了巨大隐患，在国际局势错综复杂、地缘冲突不断升温、全球极端气候频发、粮食保护主义盛行的国际环境下，中国农产品进口可能会面临严峻的外部冲击和挑战，因而农产品进口的品种、来源国以及渠道都亟须多元化。此外，大量农产品的进口打压了市场价格趋势，被动地承担了较高的市场风险，使得国内市场更加依赖低成本的进口农产品，一方面打压了国内农产品种植规模和产业良性发展，减少了种植规模，削弱农业产业话语权；另一方面使农业就业和农民增收更加困难。

四、贸易保护主义使农产品贸易形势日益复杂

全球贸易保护主义抬头，中国已连续多年成为遭遇反倾销、反补贴调查最多的国家。中国出台的一系列农业补贴制度和关税配额管理制度逐渐受到部分国家的质疑和挑战。例如，美国就多次对中国主粮实施的"黄箱"补贴及关税配额管理措施向WTO提出诉讼。中国面临的国际争端压力骤增。通过限制中国农产品进口，导致国际农产品价格上涨，对国内消费者造成负担。同时，贸易保护主义措施导致国内农产品价格的波动性增强，不利于国内消费者和农户的利益。另外，限制农产品进口导致国内市场上的农产品多样性受到限制，消费者逐渐难以获得来自国外的多样化的产品。而且随着全球范围内粮食能源化、金融化和政治化的程度加深，影响农产品价格的不确定性也在逐渐增多，粮食贸易所面临的风险越来越大。这不仅给国际农产品贸易带来挑战，还会通过价格传导影响到国内农业生产的稳定，复杂的国际环境使得平衡农产品生产和进口的难度进一步加大。

第三节 政策建议

一、多元化农产品进口来源，增强全球产业链掌控力

面对中国人多地少、农产品国际竞争力不强，且对农产品有着巨大需求的基本国情，需要寻求多个相对稳定且低风险的供应渠道和相对宽松的全球农产品贸易环境。因而，中国应主动将自己置于一个多元化的全球性农产品供应体系之中。一方面，针对进口量大且进口来源相对单一的农产品实施多元进口策略，分散进口高度集中所带来的市场风险和地缘政治风险，减少国际价格波动对国内农产品的影响；另一方面，推动中国农业和资本对外的投资与输出，例如在非洲友好国家和共建"一带一路"国家投资农业相关基础设施和生产园区，为建立多元、稳定、可靠的进口渠道打好基础。同时，支持涉农企业深度参与和介入全球农产品产业链的构建，增强对重点农产品和农业产业链关键环节的控制能力。

二、深度参与国际农产品贸易规则制定

中国作为人口大国和农产品贸易大国，应当更加积极参与国际农产品贸易规则、农业标准的制定，以及动植物疫病防控、生物安全、气候变化等方面的国际谈判与协作，争取更大的国际规则和国际市场话语权。中国应主要从以下三个方面入手：第一，中国国内政策的制定应基于国际规则和条款；第二，中国需要积极开展区域、多边及双边针对贸易规则的讨论和制定，争取更大的回旋余地和政策空间；第三，积极合理利

用国际组织平台，从反对贸易保护和增加市场准入等角度，促进建立公平合理的国际贸易规则，反对粮食禁运和粮食出口限制，建立地区和国际间协作机制。

三、调整粮食安全观念，提升农产品市场竞争力

当下，中国农产品市场已经高度开放，农产品贸易已成为中国农产品市场的重要组成部分，尤其是在国内农产品生产成本飞涨、国内外价差倒挂严重的情况下，农产品进口贸易已成为国内农产品市场的重要来源渠道。在高度开放的农产品市场中，价格成为决定生产和贸易的最主要因素，只注重提升国内农产品产量并不意味着能够弥补国内产需缺口。如果国际农产品价格显著低于国内价格，进口量会进一步增加，国内农产品竞争力会进一步削弱，并导致缺乏市场竞争力的高成本和高价格的国内农产品被迫由政府进行政策性收储。因而，现阶段中国粮食的进口数量和自给率的变化已不再取决于产需缺口，而变成了农业生产成本和价格竞争力的较量。基于此，政府应适当弱化高产量和高自给率的目标，同时探寻如何降低农业生产成本、提高农产品市场竞争力作为保障国家粮食安全的重要组成部分。国内生产应与农产品进出口贸易形成高度互补和竞争的关系，系统分析其相互影响效应，在调整贸易政策的同时，推动重点农产品产业的结构调整，优化农业产业链，提升重点农产品的供给能力和价格竞争力。

四、完善农业对外开放的总体规划，改革农产品进出口调控机制

应在中国农业资源禀赋的特征和经济发展的阶段性特征的基础上，研究和评估主要农产品供需的中长期趋势和农产品加工产业结构的变化规律，建立基于全球视野的国家粮食安全保障机制。第一，需要明确粮食等重要农产品的产量和特征，了解其市场需求，确定合理的进口调控

规模和目标。第二，追踪国内外两个市场，建立农产品国内生产与进口的衔接机制，控制进口规模和渠道，避免进口产品对国内市场的冲击。第三，建立农产品进口检测与产业损害预警系统和快速反应机制，充分运用反倾销、反补贴、保障措施等贸易救济措施，建立应对国外农业高额补贴的应急机制。

第三章　农产品技术性贸易措施及国际规则

第一节　农产品技术性贸易措施的内涵及现状

一、技术性贸易措施实施的背景

自 21 世纪初以来，全球经济一体化和贸易自由化的浪潮推动了农产品贸易关税壁垒的显著降低。通过 WTO 等多边贸易机制以及各种双边和区域贸易协定的建立，农产品的平均关税税率从最高约 60% 大幅下降到约 10%。这一变化极大地促进了农产品在全球范围内的流通和交易，提高了市场效率，促进了资源的优化配置，并为消费者提供了更多的选择和更低的价格。然而，随着关税壁垒的减少，非关税壁垒却逐渐成为影响国际农产品贸易的主要因素。非关税壁垒，特别是以卫生与植物卫生措施（SPS 措施）以及技术性贸易壁垒措施（TBT 措施）为代表的技术性贸易措施，因其复杂性、多样性以及难以预测的执行标准，被视为新形式的贸易保护主义。技术性贸易措施的出现不仅增加了贸易成本和不确定性，还为国际贸易参与者设立了具有高隐蔽性和低透明度的额外障碍。

农产品贸易中的非关税壁垒包括一系列除关税外的措施，这些措施由各国或各地区政府采取，其目的是限制部分农产品的进口。根据 WTO 官网发布的非关税措施分类目录，非关税措施可分为七个主要部分，涵盖了从技术标准到政府政策的广泛范围，包括技术性贸易壁垒、卫生与植物卫生措施、特别限制措施、进口商品收费措施、海关行政清关程序、政府对外贸易参与和政府容忍限制性做法以及其他措施。联合国贸易与发展会议（United Nations Conference on Trade and Development，UNCTAD）提供了一个更为详尽的非关税贸易壁垒国际分类系统（见表 3-1），其中包含了 16 个大类，涵盖了从卫生检疫到知识产权保护的更多维度。这个分类系统不仅包括了 WTO 提及的主要类别，还进一步细分了如分配限额、知识产权保护、补贴政策等领域，为理解和分析非关税措施提供了更丰富的框架。其中，一些措施，如 SPS 措施和 TBT 措施，通常被设计来解决与全球可持续发展目标密切相关的问题，包括保障粮食安全、促进营养与健康、推动可持续能源使用、实现可持续生产与消费模式、应对气候变化以及保护环境等。由于农产品直接关系到人们的食品安全和公共健康，因而在所有这些非关税措施中，SPS 措施和 TBT 措施对农产品贸易产生尤为重大的影响，其相关的标准和规定往往更为严格和复杂。SPS 措施和 TBT 措施虽然在一定程度上保障了农产品质量和安全，但也增加了国际贸易的成本和复杂性，对全球农产品贸易，尤其是发展中国家的农产品出口，构成了巨大挑战。

表 3-1　非关税措施国际分类

进口相关措施	技术措施	A	卫生和植物检疫措施
		B	技术性贸易壁垒
		C	装运前检查和其他手续
	非技术措施	D	条件性贸易保护措施
		E	非自动进口许可、配额、禁止、数量控制措施和其他限制，不包括卫生和植物检疫措施或与技术性贸易壁垒有关的措施
		F	价格控制措施，包括额外税费
		G	财政措施
		H	影响竞争的措施
		I	与贸易有关的投资措施
		J	分销限制
		K	售后服务限制
		L	补贴和其他形式的支持
		M	政府采购限制
		N	知识产权
		O	原产地规则
出口相关措施		P	

资料来源：2021 年的联合国贸易与发展会议。

联合国贸易与发展会议的全球非关税壁垒数据库统计显示，截至 2020 年初，全球已实施的针对农产品贸易的非关税壁垒数量高达 39000 余项，其中 TBT 措施和 SPS 措施的数量分别为 10000 余项和 17000 余项，这两类措施加起来约占农产品贸易非关税壁垒总数的 70%。这一比例的高企不仅反映了国家为保护国内农业、公共健康和环境安全采取的政策措施，也暴露了非关税壁垒被用作贸易保护工具的现实。

二、技术性贸易措施的内涵

技术性贸易措施指在国际贸易中，某一国家或区域组织以保护国家安全，保护人类、动植物的健康和安全，保护生态环境，防止欺诈行为或保证产品质量等为由，对自身生产、销售和消费的商品进行管理时所采取的各种技术性措施。以 SPS 措施和 TBT 措施为代表的技术性贸易措施之所以对农产品贸易影响巨大，部分原因在于农产品直接关系到食品安全和公共健康。各国政府为了保护消费者免受有害物质和疾病的威胁，往往会设立严格的进口标准，而这些标准由于缺乏全球范围内的统一性，往往成为跨国贸易的障碍。此外，技术性贸易措施通常涉及产品的质量标准、包装、标签和认证要求等，这些要求在不同国家和地区之间存在巨大差异，给农产品出口商带来了额外的合规成本和程序复杂性。

在实际的国际贸易中，技术性贸易措施不仅因其灵活性和针对性而被广泛采用，而且因其能够提供比传统关税更为强力的保护效果而受到各国的青睐。一方面，技术性贸易措施的灵活性允许各国根据自身的经济发展水平、产业政策和特定的市场需求，设计和实施符合国家利益的贸易控制措施。高度定制化的技术性贸易措施能够有效应对快速变化的国际贸易环境和市场需求。另一方面，技术性贸易措施，如进口配额、特定商品的进口禁令等，可以通过限制特定商品的数量或者完全禁止部分农产品的进口等方式保护国内农业产业和农产品市场免受外来竞争的冲击。

在全球范围内，各主要经济体在实施技术性贸易措施时各具特点。例如，美国的技术性贸易措施主要体现在严格的产品标准和认证程序上。欧盟更为关注农产品贸易对环境保护和健康安全所带来的影响，其对农产品中农药残留和生物毒素的严格限制构成了"绿色壁垒"，限制不合格的农产品进口到欧盟市场。日本通过复杂的进口检疫和检验程序以及对技术标准的严格要求而提高了海外农产品进入日本市场的门槛。

尽管部分技术性贸易措施出于正当且必要的初衷，但其实施和执行标准在不同国家和地区之间存在显著差异，从而呈现隐蔽性和歧视性的特点。这种差异不仅体现在措施的具体要求上，还体现在评估标准、检验程序和认证流程等方面。技术性贸易措施往往被包装在技术标准、卫生和植物卫生措施等看似合理的要求之下，使其实施更加隐蔽，难以被外界准确识别和评估。技术性贸易措施的歧视性也体现在对特定国家或地区商品的限制上，导致同一种农产品在不同国家市场间流通时面临不同的法律和监管要求，增加了贸易的复杂性和不确定性，进而带来引发国际贸易摩擦和争端的可能。随着技术性贸易措施在全球范围内的广泛采用，它们逐渐成为影响国际农产品市场准入的主要法律和监管壁垒。这些壁垒不仅增加了农产品贸易的直接成本，如检验检疫费用、合规成本和延误成本，还增加了间接成本，包括市场机会的损失、进出口商所面临的高度不确定性、国家间贸易关系的紧张和地缘政治矛盾的增加等。这些成本加在一起，显著提高了双边和多边贸易的整体成本，对全球农产品贸易的可持续发展构成了严峻挑战。

三、技术性贸易措施的现状

自加入 WTO 以来，中国农产品进出口贸易经历了显著的增长和变化。中国海关总署发布的数据显示，中国农产品出口额在短短二十多年间实现了迅猛增长，从 2000 年的 156.2 亿美元增长至 2022 年的 982.6 亿美元，展示出中国农产品在全球市场上日益增强的竞争力和影响力。这一增长反映了中国农业生产的现代化、生产效率提升以及国际市场对中国农产品需求的日益增加。

然而，与出口额的增长相比，中国农产品进口的增长速度更为迅猛，进而导致了长期的贸易逆差。自 2004 年以来，中国农产品贸易逆差的扩大成为一个显著的趋势，贸易逆差额从 2004 年的 15.5 亿美元激增至 2022 年的 1378.0 亿美元。这一现象反映了中国快速增长的食品消费需求，特别是对肉类、乳制品和其他高附加值农产品的需求。这些需求通过国内生产难以完全满足，因而需要大量依赖进口。

中国农产品贸易逆差的持续扩大受到多种因素的影响，其中包括国内外市场需求的变化、国际农产品价格波动以及国内农业生产成本的上升等。但除了这些自然市场因素外，中国农产品出口还频繁面临来自国际市场的贸易壁垒，特别是技术性贸易措施的挑战，包括但不仅限于严格的食品安全和卫生标准、复杂的进口许可证要求、技术性贸易壁垒等各种保护措施，这些措施提高了中国农产品出口的成本和不确定性，限制了其在国际市场上的竞争力。

深入研究技术性贸易措施的性质、种类和发展趋势，有助于中国农产品出口企业和政策制定者更好地理解国际贸易环境中的潜在风险和障碍，从而制定更加有效的应对策略，有效应对全球农产品贸易所面临的挑战。通过减少技术性贸易措施对农产品出口的负面影响，可以提高中国农产品在国际市场上的竞争力，促进农产品贸易平衡，有利于中国农业和整体经济的可持续发展。

第二节　卫生和植物检疫措施（SPS 措施）

一、SPS 措施简介

SPS 措施是一种用于保护人类、动物和植物免受食品中的病原体、有害物质、有毒物质以及植物和动物疾病等潜在风险的措施。SPS 措施包括国家或地区采取的一系列政策、法规、标准、检验和认证程序，以及其他技术性措施，用于预防、控制或消除潜在的健康和安全风险，确保本国消费者的食品安全，同时保护本国的动植物和农作物免受疾病、虫害和其他有害生物的侵害。然而，SPS 措施也可能对进口商品设置严格的检验、认证和标准要求而成为贸易障碍，导致进口商面临额外的成本和技术挑战。

一般来说，无论是基于出口国农产品总体层面考量，还是对单一农产品的考察，SPS 措施在全球范围内对出口国的贸易影响都主要表现为负效应。然而，SPS 措施对农产品贸易影响则具有双重性。一方面，较高的 SPS 标准能够提升农产品的质量和安全性，提高消费者对进口农产品的信任度，有助于改善进口农产品信息不对称的状况，使进口目标市场对农产品的需求扩大。消费者对质量和安全的关注度越高，对符合严格 SPS 标准的农产品的需求也就越大。另一方面，由于涉及实施更严格的卫生、检验和认证程序，高标准的 SPS 措施会导致农产品企业的生产成本增加。这些额外成本可能会被转嫁到农产品的出口价格上，使农产品的竞争力下降。此外，过高的 SPS 标准可能会导致部分农产品因无法满足严格的要求而造成出口市场准入受限。

二、《SPS 协定》的签署背景和过程

SPS 措施在技术上和形式上具有复杂性和隐蔽性，很容易成为国家间行之有效的农产品贸易保护工具。全球农产品贸易参与国，尤其是发展中国家，越来越关心对 SPS 措施的规范化使用。因此，在乌拉圭回合多边贸易谈判中，各成员国签署了《SPS 协定》，明确了贸易各方对食品安全和动植物卫生措施的权利和义务，并最终落实在 1994 年在马拉喀什签订的乌拉圭回合多边贸易谈判的法律文本中。

三、《SPS 协定》的框架和主要内容

《SPS 协定》的框架如表 3-2 所示，共包含 14 个条款和 3 个附件。序言主要指出了《SPS 协定》的实施目标。第 1 条规定了《SPS 协定》的适用范围。第 2 条规定了各国的权利和义务。第 3 条规定了各成员国针对 SPS 措施沟通和协调的方式和标准。第 4 条规定了各成员间的等效认可。第 5 条规定了风险评估的标准和保护水平的确定标准。第 6 条规定了 SPS 措施的适用地区及使用方式。第 7 条规定了 SPS 措施的透明度标准。第 8 条规定了 SPS 措施控制、检查和批准程序的要求。第 9 条规定了对发展中国家提供技术援助的要求和方式。第 10 条规定了各国家间的待遇差别的要求。第 11 条规定了 SPS 措施的争端解决机制。第 12 条规定了 SPS 措施的管理机构和方法。第 13 条规定了 SPS 措施的实施方式和标准。第 14 条规定了针对最不发达国家成员的《SPS 协定》实行宽限期。附件 A 对《SPS 协定》中的名词进行了定义。附件 B 规定了 SPS 措施的透明度标准。附件 C 对 SPS 措施的控制、检查和批准程序做出要求。

表 3-2　《SPS 协定》框架结构

条款	主要内容
序言	目标宗旨
第 1 条	总则
第 2 条	基本权利和义务
第 3 条	协调
第 4 条	等效
第 5 条	风险评估和适当的卫生与植物卫生保护水平的确定
第 6 条	适应地区条件，包括适应病虫害非疫区和低度流行区的条件
第 7 条	透明度
第 8 条	控制、检查和批准程序
第 9 条	技术援助
第 10 条	特殊和差别待遇
第 11 条	磋商和争端解决
第 12 条	管理
第 13 条	实施

续表

条款	主要内容
第14条	最后条款
附件A	定义
附件B	卫生与植物卫生法规的透明度
附件C	控制、检查和批准程序

第三节　技术性贸易壁垒措施（TBT 措施）

一、TBT 措施简介

技术性贸易措施指的是超出公认不合理和非科学要求的、强制性或非强制性的规定、标准和法规，以及为检验商品是否符合这些技术规定、评估商品质量和性能所形成的认证、审批和实验程序。技术性贸易壁垒可能采取多种形式，例如技术标准、认证程序、强制性规定、技术要求等。这些措施的制定和执行受到国家或地区的政策和利益因素的影响，使它们具有一定的主观性和不透明性，限制贸易并创造贸易障碍。调查表明，我国70%的出口企业都遭遇过技术性贸易措施的影响，导致每年数百亿美元的损失。

技术性贸易措施的主要特点是其要求超出了合理的和科学的限制范围，这些要求导致了额外的成本和技术门槛，从而对进口商品的市场准入造成困难。在农产品贸易领域，技术先进的发达国家越来越倾向于采取 TBT 措施以实现其贸易保护的意图。在全球范围内，TBT 措施对农产品出口国的贸易主要产生负面效应，但也有一些研究表明 TBT 措施增加了农产品信息的透明度，有助于提高消费者对进口农产品质量的信任度，满足了消费者对食品安全标准的需求，从而在一定程度上促进了农产品出口市场的拓展。此外，一些学者认为，TBT 措施在短期内可能抑制农产品的出口贸易发展，从长远来看，其产生的正面影响将变得更加显著。

二、《TBT 协定》的签署背景和过程

"二战"后，各国大幅削减贸易关税，贸易壁垒对全球农产品贸易的影响明显减弱，非关税壁垒的影响相对增强，且呈现多样性和复杂化的特点。其中，技术性贸易措施是全球农产品贸易中面临的最大的非关税壁垒。随着技术性贸易措施对贸易的限制增强，在很大程度上增加了贸易成本，构成了较为严重的贸易壁垒，严重影响了全球自由贸易的发展。

在 WTO 的前身关税及贸易总协定（General Agreement on Tariffs and Trade，GATT）时期（1948～1994 年），进行了东京回合多边贸易谈判（1973～1979 年），规定了制定和实施技术法规的标准，并签署了《TBT 协定（1979）》，也被称为《标准守则》。随后，GATT 乌拉圭回合谈判进一步强化了《标准守则》中的相关规定，形成了新的《TBT 协定》，并最终落实在 1994 年在马拉喀什签署的乌拉圭回合多边贸易谈判的法律文本中。

三、《TBT 协定》的框架和主要内容

《TBT 协定》的框架如表 3-3 所示，共包含 15 个条款和 3 个附件。序言部分指出了《TBT 协定》的目的和期望。第 1 条规定了《TBT 协定》的使用范畴。第 2 条和第 3 条分别规定了中央政府和地方政府技术法规的制定和实施要求。第 4 条规定了 TBT 措施制定和实施的行为规范。第

5条到第8条规定了中央政府、地方政府和非政府机构的合格评定程序。第9条规定了国际和区域体系的TBT措施界定标准。第10条规定了TBT措施相关的信息披露程序和方式。第11条和第12条规定了对发展中国家成员的技术援助和特殊待遇。第13条到第15条规定了《TBT协定》的机构、磋商和争端解决机制的相关要求。附件1定义了《TBT协定》中的相关术语。附件2规定了技术专家小组的设立程序和方法。附件3对制定、采用和实施TBT措施设置了行为规范。

表3-3 《TBT协定》框架结构

条款	主要内容
序言	目标宗旨
第1条	总则
第2条	中央政府机构制定、采用和实施的技术法规
第3条	地方政府机构和非政府机构制定、采用和实施的技术法规
第4条	标准的制定、采用和实施
第5条	中央政府机构的合格评定程序
第6条	中央政府机构对合格评定的承认
第7条	地方政府机构的合格评定程序
第8条	非政府机构的合格评定程序
第9条	国际和区域体系
第10条	关于技术法规、标准和合格评定程序的信息
第11条	对其他成员的技术援助
第12条	对发展中成员的特殊和差别待遇
第13条	技术性贸易壁垒委员会
第14条	磋商和争端解决
第15条	最后条款
附件1	本协定中的术语及其定义
附件2	技术专家小组
附件3	关于制定、采用和实施标准的良好行为规范

第四节 SPS 措施和 TBT 措施的关联

SPS 措施和 TBT 措施同属非关税措施中的技术措施，在国际农产品贸易中扮演着关键角色，既有联系又有区别。根据 2019 年联合国贸易和发展会议（UNCTAD）发布的《非关税措施国际分类》报告，SPS 措施和 TBT 措施的联系体现在两者同属非关税措施中的技术措施，旨在通过技术标准和规定来达成一系列政策目标，如保护人类、植物和动物的生命和健康，保护国家安全或保护环境。同时，SPS 措施和 TBT 措施共同遵循一系列共同原则，如非歧视原则、措施修订通报原则、建立咨询点等。SPS 措施和 TBT 措施在确保产品符合接收国的质量和安全标准方面扮演着核心角色，从而间接影响国际市场的准入和竞争格局。

尽管 SPS 措施和 TBT 措施在目的上都旨在通过技术规范实现政策目标，但两者在侧重点、应用范围和目的上存在显著的区别。SPS 措施主要聚焦于食品安全和动植物健康领域，通过制定严格的卫生和植物卫生标准来防止疾病和有害生物的传播。这些措施旨在保障人类食品的安全性，防止动植物疾病的跨境扩散，以及确保农产品贸易不会对接收国的生态系统和生物多样性构成威胁。相比之下，TBT 措施具有更广泛的应用范围，不仅包括人类健康和安全，还关注产品的环境保护情况、防止欺诈行为、技术协调、便利贸易等多个维度。这类措施可能包括各种产品和生产过程的技术规范、标准、认证和评估程序，其目的在于促进技术创新、确保产品质量和性能，同时保护消费者免受劣质产品的侵害。

此外，SPS 措施和 TBT 措施在实施和管理方面也有所区别。SPS 措施通常基于科学证据和国际标准，如国际植物保护公约（IPPC）、世界动物卫生组织（OIE）和世界卫生组织（WHO）的标准，其实施更侧重于预防和控制食品、动物和植物中的健康风险。而 TBT 措施则更多关注产品本身的技术规范和性能标准，可能基于国家级的技术标准或国际标准如国际电工委员会（IEC）和国际标准化组织（ISO）的标准，其目的在于促进技术一致性和产品互操作性。

虽然 SPS 措施和 TBT 措施都旨在通过设置标准来保障公共好处，但 SPS 措施更专注于预防健康风险，如食品安全和疾病控制，而 TBT 措施则更加关注产品本身的性能、质量以及对环境的影响。尽管 SPS 措施和 TBT 措施对国际贸易具有重要影响，但它们也可能成为贸易壁垒，特别是当这些措施被设计得过于严格或实施不当时，可能会对发展中国家的出口产生不利影响。

第五节　SPS 措施和 TBT 措施遵循的主要原则

一、非歧视原则

非歧视原则要求各成员国在制定和实施技术性贸易措施时应平等对待所有成员国，并公平制定本土商品和进口商品进入本国市场的标准。非歧视原则主要体现在"同类产品"及最惠国待遇或国民待遇。"同类产品"以产品的物理特性、产品用途、竞争产品的特性等要素来综合判定。最惠国待遇指的是成员国给其他成员的任何利益、优惠、特权或豁免均应当立即无条件地给予其他成员。国民待遇指成员国在经济活动和民事权利方面给予其境内外国国民的待遇不低于其给予本国国民的待遇。《SPS 协定》和《TBT 协定》中有关非歧视原则的条款如表 3-4 所示。

表 3-4 《SPS 协定》和《TBT 协定》关于非歧视原则的条款

条款号	条款内容
《TBT 协定》条款 2.1	各成员应保证在技术法规方面,给予源自任何成员领土进口的产品的待遇不低于其给予本成员同类产品或来自任何其他成员同类产品的待遇
《TBT 协定》条款 5.1.1	合格评定程序的制定、采用和实施,应在可比的情况下以不低于给予本成员同类产品的供应商或源自任何其他成员同类产品的供应商的条件,使源自其他成员领土内产品的供应商获得准入;此准入使产品供应商有权根据该程序的规则获得合格评定,包括在该程序可预见时,在设备现场进行合格评定并能得到该合格评定体系的标志
《TBT 协定》附件 3.D	在标准方面,标准化机构给予源自 WTO 任何其他成员领土产品的待遇不得低于本成员同类产品和源自任何其他成员同类产品的待遇
《SPS 协定》条款 2.3	各成员应保证其卫生与植物卫生措施不在情形相同或相似的成员之间,包括在成员自己领土和其他成员的领土之间构成任意或不合理的歧视。卫生与植物卫生措施的实施方式不得构成对国际贸易的变相限制

二、影响最小化原则

影响最小化原则旨在最大限度减小技术性贸易壁垒的影响,对贸易的限制不能超出保护人类健康、保护动植物生命健康、保护环境、防止欺诈行为等合法目标的限度,避免不必要的贸易障碍。《SPS 协定》和《TBT 协定》中有关非歧视原则的条款如表 3-5 所示。

表 3-5 《SPS 协定》和《TBT 协定》关于影响最小化的条款

条款号	条款内容
《TBT 协定》条款 2.2	各成员应保证技术法规的制定、采用或实施在目的或效果上均不对国际贸易造成不必要的障碍。为此目的,技术法规对贸易的限制不得超过为实现合法目标所必需的限度,同时考虑合法目标未能实现可能造成的风险。此类合法目标特别包括:国家安全要求;防止欺诈行为;保护人类健康或安全、保护动物或植物的生命或健康及保护环境。在评估此类风险时,应考虑的相关因素特别包括可获得的科学和技术信息、有关的加工技术或产品的预期最终用途

续表

条款号	条款内容
《TBT 协定》条款 5.1.2	合格评定程序的制定、采用或实施在目的和效果上不应对国际贸易造成不必要的障碍。此点特别意味着：合格评定程序或其实施方式不得比给予进口成员对产品符合适用的技术法规或标准所必需的足够信任更为严格，同时考虑不符合技术法规或标准可能造成的风险
《TBT 协定》附件 3.E	标准化机构应保证不制定、不采用或不实施在目的或效果上给国际贸易制造不必要障碍的标准
《SPS 协定》条款 2.2	各成员应保证任何卫生与植物卫生措施尽量在为保护人类、动物或植物的声明或健康所必需的限度内实施，并根据科学原理，如无充分的科学证据则不再维持

三、协调一致原则

协调一致原则意图通过减小技术性贸易措施的差异来降低国际农产品贸易的障碍和限制。当各国的技术性标准有重大差异时，出口商为满足多种市场要求而产生不必要的成本，并造成市场割裂、效率低下和阻碍贸易等问题。因此，采纳监管趋同的国际标准是协调技术性贸易措施最直接有效的方式。《SPS 协定》和《TBT 协定》中有关非歧视原则的条款如表 3-6 所示。

表 3-6　《SPS 协定》和《TBT 协定》关于协调一致原则的条款

条款号	条款内容
《TBT 协定》条款 2.4	如需制定技术法规，而有关国际标准已经存在或即将拟就，则各成员应使用这些国际标准或其中的相关部分作为其技术法规的基础，除非这些国际标准或其中的相关部分对达到其追求的合法目标无效或不适当，例如由于基本气候因素或地理因素或基本技术问题
《TBT 协定》条款 5.4	如需切实保证产品符合技术法规或标准，且国际标准化机构发布的相关指南或建议已经存在或即将拟就，则各成员应保证中央政府机构使用这些指南、建议或其中的相关部分，作为其合格评定程序的基础，除非应请求作出适当说明，指出此类指南、建议或其中的相关部分特别由于如下原因而不适合于有关成员：国家安全要求；防止欺诈行为；保护人类健康或安全、保护动物或植物生命或健康及保护环境；基本气候因素或其他地理因素；基本技术问题或基础设施问题

续表

条款号	条款内容
《TBT 协定》附件 3.F	如国际标准已经存在或即将拟就，标准化机构应使用这些标准或其中的相关部分作为其制定标准的基础，除非此类国际标准或其中的相关部分无效或不适当，例如，由于保护程度不足，或基本气候，或地理因素，或基本技术问题
《SPS 协定》条款 3.1	为在尽可能广泛的基础上协调卫生与植物卫生措施，各成员的卫生与植物卫生措施应根据现有的国际标准、指南或建议制定

四、等效性原则

在全球技术性贸易措施的协调过程中，存在制定国际标准时间过长的问题，造成耗时耗资过大，且国际标准采用的时间不一致。基于以上原因，《TBT 协定》和《SPS 协定》都提出等效性原则，作为各成员国措施执行一致的方法。《SPS 协定》和《TBT 协定》中有关非歧视原则的条款如表 3-7 所示。

表 3-7　《SPS 协定》和《TBT 协定》关于等效性原则的条款

条款号	条款内容
《TBT 协定》条款 2.7	各成员应积极考虑将其他成员的技术法规作为等效法规加以接受，即使这些法规不同于自己的法规，只要他们确信这些法规足以实现与自己的法规相同的目标
《TBT 协定》条款 6.1	在不损害第 3 款和第 4 款规定的情况下，各成员应保证，只要可能，即接受其他成员合格评定程序的结果，即使这些程序不同于他们自己的程序，只要他们确信这些程序与自己的程序相比同样可以保证产品符合有关技术法规或标准
《SPS 协定》条款 4.1	如出口成员客观地向进口成员证明其卫生与植物卫生措施达到进口成员适当的卫生与植物卫生保护水平，则各成员应将其他成员的措施作为等效措施予以接受，即使这些措施不同于进口成员自己的措施，或不同于从事相同产品贸易的其他成员使用的措施

第六节 技术性贸易措施影响农产品贸易的理论机制

从经济学的角度来看，技术性贸易措施对农产品贸易的影响主要体现在贸易数量控制和贸易价格控制两方面。贸易数量控制指的是只有筛选出的符合进口国技术性贸易措施的产品才能进入目标国市场，从而控制总的贸易数量。贸易价格控制指的是为达到进口国的技术性贸易措施的要求，农产品的出口成本将大幅增加，进而推高其市场价格，从而进行了贸易价格控制。更具体地说，对农产品贸易的影响可从市场准入、成本—收益分析和比较优势等方面来分析。

一、市场准入

技术性贸易措施设定了进入特定市场的标准和要求，直接影响农产品的市场准入条件。当农产品无法满足进口国的健康、安全或技术标准时，技术性贸易措施会限制或禁止此类产品的进口和流通。这种直接影响市场准入的机制会导致贸易流向的改变，从而要求农产品出口国从多个维度调整其生产和出口策略以满足进口国的市场准入要求。

（一）合规成本

为满足进口国技术性贸易措施的严格要求，出口国的生产者和出口商需要进行一系列的调整和改进，包括升级生产设施以符合更高的安全和质量标准、引入先进技术以提高生产效率和产品质量、进行细致的产品测试以确保符合目标市场的规范，以及获取相应的认证以证明产品的合规性。采取这些措施必然会增加生产和出口的成本，从而提高整体的合规成本。对于规模较小的生产者来说，往往缺乏足够的资金和资源来进行必要的设施升级或技术改进，也难以承担产品测试和认证费用，因而合规成本的增加往往给小规模农产品出口商带来更大的困难，使其失去进入一些重要市场的机会。技术性贸易措施的存在不仅削弱了出口商在本地和国际市场上的竞争力，也限制了其市场范围。

此外，随着合规成本的提高，生产者和出口商会将额外成本转嫁到产品价格上，导致出口商品的价格上升。价格上涨会使农产品在国际市场上的竞争力降低，尤其是在对价格极为敏感的消费者和市场。即使农产品最终能够满足所有入市标准并成功进入目标市场，也会在与价格更低的竞争产品相比时处于不利地位，从而影响销量和市场份额。因此，虽然遵守合规要求是保证产品能够进入国际市场的先决条件，但合规成本的增加对生产者和出口商来说是一把"双刃剑"。一方面，它确保了产品质量和安全性，有助于保护消费者的利益；另一方面，高昂的合规成本可能会对小规模生产者造成排斥效应，同时增加了产品的市场售价，影响其在全球市场上的竞争力。因此，寻找平衡点，通过技术创新、政府支持、国际合作等方式来降低合规成本，对于保持出口国农产品的国际竞争力至关重要。

（二）贸易多样性

一方面，只有具备足够资源和技术能力来遵守技术性贸易措施所要求的复杂标准的出口商才可能成功进入一些关键市场。这种现象可能会导致市场参与者的数量减少，进而减少市场上可供选择的商品种类。对消费者而言，农产品市场的多样性减少，农产品价格上升，最终影响消费者的购买力和满意度。

另一方面，技术性贸易措施的设立会鼓励企业在技术创新方面的投入。为了克服市场准入的壁垒，一些具备前瞻性的企业可能会投资于研发，寻求创新解决方案以提升其产品和生产流程的质量和效率。这种追求合规的过程不仅可以帮助农产品企业满足目标市场的严格标准，还可能促使它们在生产效率和环境可持续性等方面取得显著进步。长远来看，这种创新和改进不仅有助于农产品企业扩大其市场份额，还可能提升整个行业的标准，促进行业的健康发展。

（三）发展中国家与市场准入

对于发展中国家而言，满足发达国家设定的技术性贸易措施构成了一大挑战。技术性贸易措施的标准涉及复杂的技术要求和严格的质量控制措施，要求生产者投入大量资源进行设施升级和质量管理系统的建立。对于资源有限的发展中国家来说，这些要求限制了其农产品进入部分发达国家市场，加剧了全球贸易中的不平等现象。这种不平等不仅体现在市场准入上，而且可能影响发展中国家农业部门的可持续发展和当地农民的生活改善。

因而，国际组织和发达国家应通过提供技术转移、能力建设和财政援助等方式帮助发展中国家提高其产品标准，增强其在全球农产品市场上的竞争力。这种国际合作可以采取多种形式，包括提供专业培训、必要的技术设备和资金支持，以及在国际标准制定过程中为发展中国家提供更大的话语权。通过多种支持，发展中国家能够逐步提升其农产品的质量和安全性，满足国际市场的要求，从而获得更广泛的市场准入机会。此外，技术转移和能力建设还能帮助发展中国家加强其本国的质量监管体系，促进其农业部门的现代化和可持续发展，最终实现经济增长和减少贫困的长期目标。这种国际合作不仅有利于发展中国家提升其在全球贸易体系中的地位，还有助于构建更加公平和包容的国际贸易环境。

二、成本—收益分析

面对技术性贸易措施的挑战，农产品出口商需要进行成本—收益分析，以确定遵守这些标准的经济可行性。这种分析涉及评估必要的投资成本，如采购先进技术、改革生产流程以提高效率和安全性，或是完成复杂的认证流程来证明产品符合目标市场的标准。出口商在进行成本—收益分析时，需要同时考虑遵守这些标准可能带来的直接收益和间接收益。直接收益可能包括对新市场的准入权或在现有市场中维持竞争力，而间接收益可能包括产品质量的改善和生产效率的增加。然而，如果这些潜在的收益无法抵消遵守技术性贸易措施所需的额外成本，或者这些成本对小规模出口商来说难以承担，那么这些出口商可能会被迫退出部分市场。

这种成本与收益之间的权衡不仅影响单个生产者或出口商的经营决策，还可能对全球贸易模式产生显著影响。当一部分生产者因成本过高而退出市场时，全球供应链可能会重新配置，导致某些地区的生产能力下降，同时可能促使其他地区增加投资以填补市场空缺。此外，这种动态可能会促进全球农业生产的地理分布重组，导致农产品生产基地从成本较高的地区向能够更经济有效地满足国际标准的地区转移。

（一）成本分析

1. 直接合规成本

直接合规成本涉及为了达到目标市场的健康、安全或技术标准而必须进行的各种投资，包括对生产设施的升级改造、先进设备的购买、改进生产工艺、购买高质量的原材料、确保生产过程中的卫生和安全符合要求等，这些措施均显著增加了生产成本。

2. 认证和测试费用

在国际贸易中，仅仅生产出符合标准的产品还不足以获得市场准入，出口商还必须通过测试和认证，证明其产品确实符合进口国的要求。这一过程涉及昂贵的实验室测试，这些测试旨在评估产品是否符合健康、安全或其他技术标准。一旦测试完成，还需要向相应的认证机构申请正式的合格证明，部分会收取高昂的服务费用。

3. 时间成本

合规过程的复杂性和繁琐程度往往意味着出口商需要投入大量时间

来完成所有必要的步骤，等待认证结果的时间可能会导致市场准入的推
迟。此外，适应新标准、调整生产流程以及掌握新的生产技术也需要时
间，这期间可能会出现生产效率的下降或生产的暂时中断。

4. 机会成本

将资源投入到满足技术性贸易措施的合规活动中，意味着这些资源
无法用于其他可能为企业带来更直接收益的活动。例如，用于改进设施
和生产工艺的资金本可以用于扩大生产规模、开拓新的市场或研发新产
品。这种资源的重新分配可能会限制企业的成长潜力和创新能力，尤其
是对于资源有限的小型生产者而言，机会成本的影响尤为显著。

（二）收益方面

1. 市场准入的扩展

首先，遵守技术性贸易措施的标准能够显著增强出口商的市场准入
能力。这意味着一旦满足了这些要求，出口商不仅能够进入那些对商品
健康、安全和技术标准有严格要求的新市场，还能保持在现有市场的竞
争地位。市场准入的扩展是出口商获取直接经济收益的关键途径，它直
接关联到销售量的增加和市场覆盖范围的扩大。

2. 产品溢价的实现

当产品满足或超过国际认可的高标准时，它们通常能在市场上获得
溢价。这种溢价反映了消费者对那些他们认为更加安全、更健康或质量
更高的产品的高度评价和支付意愿。这种意愿为高标准产品支付额外费
用的消费者行为，为出口商创造了提高产品定价和增加收入的机会。

3. 生产效率的提高

为了符合技术性贸易措施的严格要求，出口商需要采纳最新的技术
解决方案和更加高效的生产流程。这种对先进技术的采用和生产流程的
优化，虽然在初期可能需要较大的投资，但长期来看，它们能够显著提
高生产效率，降低单位产品的生产成本。随着时间的推移，这种效率的

提升能够转化为成本节约，为企业带来更大的竞争优势和财务收益。

三、比较优势

在全球化的经济体系中，技术性贸易措施也会对国际贸易模式和各国的比较优势产生深远影响。传统的比较优势理论主张每个国家应专注于生产和出口它们相对更为高效的商品，即使它们在所有产业中都不具有绝对生产优势。然而，当技术性贸易措施成为参与国际市场的前提条件时，部分国家可能发现它们传统的比较优势被削弱甚至完全丧失。尤其是对发展中国家来说，可能因为缺乏足够的技术、资金和知识来满足这些高标准而无法有效出口其传统优势农产品。例如，一个国家可能在生产某种农产品方面具有天然的气候和土壤优势，但如果它无法满足进口国家对残留农药或食品安全的严格要求，其产品就可能无法进入目标市场。

面对这种挑战，受影响的国家需要重新评估和调整其经济结构和出口策略，包括寻找新的比较优势领域，例如，通过开发新的产业或提高其他商品的生产效率。同时，受影响的国家也需要投资提高其农产品的合规性以确保其产品能够满足国际市场的要求，如改进生产工艺、采用先进的技术和管理方法，或加强质量控制体系。此外，国家之间的合作也成为应对技术性贸易措施挑战的一种方式。通过国际合作，国家间可以实现技术转移和能力建设，帮助提升整体合规能力。同时，多边和双边谈判可以促进对技术性贸易措施的共识和标准化，减少不必要的贸易壁垒。

（一）比较优势的调整

1. 重新评估比较优势

当出口国为了满足进口国的技术性贸易措施标准而提升其农产品的质量和安全性时，可能会发现自己在部分农产品上获得了新的比较优势，或者在其他产品上失去了原有的比较优势。这种调整可能导致贸易模式的变化，使一些国家转向专注于那些能够更有效满足国际标准的农产品的生产和出口。

2. 技术和知识转移

出口商采取措施满足技术性贸易措施标准的过程中伴随技术和知识的转移，这有助于提高生产效率和产品质量，从而影响各国的比较优势。发展中国家通过接受技术援助和培训，可能会发展出新的比较优势，而发达国家可能通过创新来巩固或扩展其现有的比较优势。

（二）比较优势与市场准入的相互作用

1. 市场准入门槛与比较优势的实现

技术性贸易措施设定的市场准入门槛会限制某些国家利用其比较优势。即使一个国家在生产某种农产品上具有成本效益，但如果无法满足目标市场的健康和安全标准，这种比较优势就无法转化为实际的出口优势。

2. 策略性发展比较优势

国家或出口商可能采取策略性行动，通过投资于技术、提高标准和加强合规能力来培育或增强特定产品的比较优势。这种策略性的比较优势发展有助于国家在全球市场上占据有利地位。

（三）比较优势与经济多样化

1. 风险分散

当受到国际标准变化的影响时，依赖单一农产品出口的国家可能会面临较高的市场风险。通过多样化农产品出口组合，国家可以分散风险，利用不同产品的比较优势来稳定其在国际贸易中的地位。

2. 经济转型

面对技术性贸易措施的挑战，一些国家可能选择经济转型，从传统农业转向更为技术密集或符合高标准的农业生产，以此来构建新的比较优势。

第四章 中国农产品贸易面临的技术性贸易措施和贸易救济体系

第一节 技术性贸易措施的内容和特点

一、技术性贸易措施的内容

广义上来说，技术性贸易措施主要是指 WTO 框架下有关《技术性贸易壁垒协定》（TBT 协定）中的技术法规、标准、合格评定程序（TBT 措施）与《关于实施卫生与植物卫生措施协定》（SPS 协定）中的动物卫生、植物卫生与食品安全措施（SPS 措施）。技术性贸易措施的制定以保护国家安全、动植物生命健康和保护环境为目标时，具有一定的合理性。然而，当技术型贸易措施违背了合理的目标，成为变相限制进口、进行贸易保护的工具、对国际贸易构成了不必要的贸易障碍时，就形成了技术性贸易壁垒。

技术性贸易措施覆盖面广、内容严苛、形式灵活，是严重阻碍农产品国际贸易的手段，其影响作用大于关税壁垒和传统非关税壁垒。技术性贸易措施分为强制性措施和自愿性措施，涉及国际和区域性协议、国际法律和法令、贸易准则和程序等。具体而言，技术性贸易壁垒的影响几乎覆盖了所有农产品类型，包括畜牧产品、水产品、植物类产品等，并影响多种产品形态，包括初级产品、中间产品和制成品。技术性贸易壁垒具有明显的扩散性，一旦某个国家设置了技术性贸易措施，其他国家往往会效仿。历史上，对中国农产品出口实施技术性贸易措施的主要是美国、欧洲和日本。当下，技术性贸易措施对农产品贸易的影响力在不断扩大，已拓展到更多的国家，如韩国、加拿大、荷兰和俄罗斯等，并体现在整个农产品产业链。

2001~2022 年全球农产品和食品 TBT 措施和 SPS 措施通报情况如图 4-1 所示，农产品 TBT 措施和 SPS 措施通报个数依据年份不同差异较大。TBT 措施和 SPS 措施通报个数在 2006~2019 年达到高峰，2019 年后均有大幅回落。

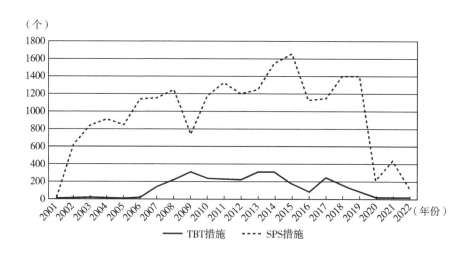

图 4-1　全球农产品和食品 TBT 措施和 SPS 措施通报情况

资料来源：技术壁垒资源网。

技术性贸易措施的表现形式可以按照实施类型和实施手段来进行分类。如表4-1所示，按照实施类型划分，技术性贸易措施可分为进口禁止、技术说明和信息补充；按照实施手段划分，技术性贸易措施可分为标准与合格评定程序、产品检验检疫措施、包装和标签要求、绿色壁垒和其他措施。

表4-1　技术性贸易措施细分

技术性贸易措施细分		具体内容
实施类型	进口禁止	完全禁止和部分禁止
	技术说明	对加工、产品和包装标准提供技术说明
	信息补充	对原料生产、加工包装、运输等管理过程进行标识
实施手段	标准与合格评定程序	品质不合格、食品添加剂、非食品添加剂、储运规定等
	产品检验检疫措施	不符合动物检疫规定、微生物污染、检疫物违规等
	包装和标签要求	证书不合格、标签不合格、包装不合格等
	绿色壁垒	农兽药残留不合格、生物毒素不合格、污染物不合格、违规转基因成分、辐照、有害生物、化学性能、致敏原等
	其他措施	非法进口、非法贸易等

二、技术性贸易措施的特点

（一）措施实施的长期性和实施手段的复杂性

　　技术性贸易措施启动迅速，但措施取消过程缓慢而冗长。在实际的国际贸易中，技术性措施实施的速度往往很快，一发生问题就立即采取措施，但撤销则需要较长时间。措施采取方往往会对农产品产地和品种进行划分并逐步解禁，拖延撤销时间。与此同时，技术性贸易措施的技术法规、标准和合格评定程序涉及的技术范围广泛，且技术规定和检验程序十分复杂，进入门槛和标准也越来越高，农产品进入新的市场往往要经过多项检验检测，削弱了进口产品的竞争力。

（二）措施实施的技术性和保护方式的隐蔽性

技术性贸易措施涉及的行业领域非常广泛，涉及技术细节、卫生问题、环保问题、法律问题等，专业性很强。在此基础上，各国对技术性贸易措施所涉及的产品品类划分得越来越细，技术细节愈加突出。此外，部分国家采取技术性贸易措施不合理地限制进口，实施贸易保护行为，具有较强的隐蔽性。例如，通过推动不必要的标准质量认证和注册制度，以及对进出口农产品的包装、标志和环保等额外要求，降低来自发展中国家农产品的竞争力，甚至是完全阻止进口。

（三）措施效应的扩散性和发展变化的动态性

技术性贸易措施具有很强的扩散性，一旦一个国家或地区采取针对某种农产品的技术性贸易措施会引发其他国家或地区采取同样或类似的措施，或者扩散到相关产品，扩大了技术性贸易措施的影响。发展变化的动态性表现为采用的手段和方式不断变化更新，采用的检测指标不断提升，覆盖的农产品规模不断扩大。

三、贸易救济措施

WTO赋予成员国在特殊情况下限制国家间贸易往来的特权，被称为贸易救济措施，主要包括反倾销、反补贴和贸易保障措施。其中，反倾销指的是防止相同产品在其他国家的市场中表现出较大的差异化定价，使得国外市场的价格远低于国内价格，实现在国外的大规模销售；反补贴指的是防止针对部分产业和部分地域的特定补贴以实现增强产品海外竞争力的目的；贸易保障措施指的是在特定产品进口激增的情况下限制该产品的进口，提高本国产品竞争力的行为。

图4-2为1995～2023年全球农产品和食品贸易救济措施类型分布。1995～2023年全球反倾销案件共计210项，占比为58.33%；反补贴案件59项，占比为16.39%；保障措施88项，占比为24.44%；特别保障措施

3 项，占比为 0.83%。由此可见，在农产品贸易救济类型中，以反倾销案件为主。

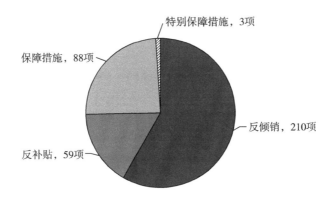

图 4-2　1995~2023 年全球农产品和食品贸易救济措施类型分布

资料来源：中国贸易救济信息网。

第二节　美国农产品技术性贸易
措施和贸易救济措施

一、美国农业概况及中美农产品贸易现状

美国耕地广袤，气候适宜，地形以平原为主，耕地面积超过 28 亿亩，农民人均耕地面积超过 1000 亩，适合高度机械化的大农场生产模式，是世界上主要的农产品生产国和贸易国。农业是美国的支柱产业之一，大豆、玉米、小麦和棉花等作物的生产和出口均居世界前列。其中，大豆出口曾占全世界出口总额的 37%，玉米曾占全世界出口总额的 47%，

小麦曾占全世界出口总额的 22%。美洲和亚洲是美国农产品出口的主要市场，包括加拿大、墨西哥、中国、日本、韩国等。美国是中国第二大农产品进口来源地和第三大出口市场。2022 年，中美农产品贸易额为 523 亿美元。从产品类别的角度分析，中国对美国出口的农产品主要包括鳕鱼、罗非鱼、植物汁液及浸膏、宠物食品、墨鱼及鱿鱼等，中国从美国进口的农产品主要包括大豆、玉米、原棉、高粱、牛肉等。

二、美国农产品安全体系

美国拥有世界上最健全和完善的技术法规体系，在这个复杂的体系中包含至少 15 个联邦机构和约 30 部法律，形成了结构严密和层级分明的农产品安全体系。其中有关农产品质量安全的法令包括《联邦肉类检验法》《植物检疫法》《联邦进口牛奶法》《蛋类产品检验法》《家禽食品检验法》《食品质量保护法》《良好包装和标签法》等一系列法律法规，对进口农产品的包装、标识、认证和检测作了详细规定，构成了严密的农产品安全法规网。美国实施的非关税壁垒以卫生与植物卫生措施，技术性贸易措施，非自动进口许可证、配额、禁令、数量控制等技术性措施为主要贸易保护工具。其中，美国的技术性贸易措施体系中的合格评定程序是对中国农产品出口影响最大的工具类别。

三、美国农产品管理机构及技术性贸易措施的主要内容

（一）美国农产品管理机构及相关法律

美国农业部（United States Department of Agriculture，USDA）制定了许多与农业、农产品有关的法律、技术法规和农业政策，采取多种措施对农产品的供应链进行干预和调节，其涉及的主要机构包括动植物卫生检疫局（Animal and Plant Health Inspection Service，APHIS）、农产品市场局（Agricultural Marketing Service，AMS）、食品安全检验局（Food Safety and Inspection Service，FSIS）和美国联邦谷物检验局（Federal Grain Inspection Service，FGIS）。

美国动植物卫生检疫局不仅是制定各种技术标准和技术性贸易措施的主要部门，也帮助出口商和进口商开展农产品贸易。动植物卫生检疫局主要依据《植物检疫法》《植物保护法》《濒危物种法》等法律来防止外来动植物病虫害的传入、管理国内的病虫害以及协调解决动植物检疫相关的贸易纠纷。动植物卫生检疫局的植物保护和检疫部门（Plant Protection and Quarantine，PPQ）负责进口的植物、粮食、木材、种子、蔬菜、水果和鲜花等产品不会对自然资源和农业产生危害。动植物卫生检疫局的兽医服务部门（Veterinary Services，VS）要确保美国进口的动物和动物产品不会对本国的动物健康产生危害。例如，携带有瘟疫、口蹄疫、纽卡斯尔病毒、非洲猪瘟等病毒的动物被动植物卫生检疫局禁止进口。

美国农产品市场局的水果和蔬菜计划（Fruit and Vegetable Programs）向全国的承运商、进口商、加工商、销售商和采购商等经济利益团体提供检验和分级服务，以满足国内和国际市场体系中对产品进行认证的需要。新鲜产品部（Fresh Products Branch，FPB）根据新鲜产品标准和质量认证管理要求，提供官方的检验、分级和认证服务，以保障这些农产品在国内和国际市场的质量状况达到标准。

美国食品安全检验局主要依据《联邦肉类检验法》和《禽肉产品检验法》管理国内外贸易中的肉类和家禽，并要求所有屠宰场和加工厂都采用危害分析与关键控制点（Hazard Analysis and Critical Control Points，HACCP）质量管理体系，以消除食品安全方面的风险。美国联邦谷物检验局主要依据《美国谷物检验法》进行谷物的检验和称重，并进行周期性检查，确保谷物的质量符合联邦标准。

在政府层面，联邦法律有美国食品化学品法典（Food Chemicals Co-

dex，FCC）标准和美国食品与药品管理局（U. S. Food and Drug Adminis-
tration，FDA）标准等，而州、县常常对其辖区设定远高于联邦政府要求
的食品安全规定。在第三方层面，美国建有完整复杂的质量认证系统与
合格评定程序，由从事认证的实验室作为权威中介机构推行标准并对产
品是否符合标准提出评定结果。与此同时，美国建有危害分析与关键控
制点（HACCP）质量管理体系，对农业食品加工过程中可能影响食品卫
生安全的关键节点进行监督，而非仅根据成品抽样来判断产品质量。有
关 HACCP 最重要的联邦法律有《植物检疫法》《联邦植物虫害法》《动
物福利法》等。美国农产品安全体系的主要特点可以概括为法规体系繁
琐严格、技术评定体系结构分散、涉及农产品种类繁多。

（二）标签标识要求

美国是世界上对食品标签要求最为严格的国家之一，且对标签标识
的要求在不断加强。例如，《食品安全加强法案》规定，对于标签信息不
完善或不符合要求的进口农食产品，美国食品和药品管理局无须提供任
何证据即可对相应的农食产品单方面予以扣检。

美国对于食品标签的要求主要包括如下几个部分：①产品名称
（Name of the Product），既可以是经过美国法律认可的名称，也可以是未
经定义但习惯使用的名称。②成分说明（Statement of Ingredients），美国
FDA 要求产品的所有成分必须展示在列表并表明重量。③营养信息（Nu-
trition Information），产品的营养成分需要展示在标签上，并对展示格式作
出了详细规定。④净容量（Net Contents），允许使用公制单位（千克、
克、升、毫升等）或美制单位（磅、盎司等）对净容量进行标记。⑤原
产地（Country of Origin），标签需要包含生产国家、生产商、包装商、发
货商等信息。

（三）农用化学品管理措施

农用化学品管理一直是美国技术性贸易措施实施的重要方式和手段。

美国主要由 1906 年制定的《食品药品法》、1910 年制定的《杀虫剂法》、1938 年制定的《食品、药品和化妆品法》、1947 年制定的《联邦杀虫剂、杀菌剂和杀鼠剂法》和 1996 年制定的《食品质量保护法》（FQPA）对农产品安全和质量进行全面的规范。美国涉及食品安全管理的核心机构主要有三个：环境保护署（U. S. Environmental Protection Agency，EPA）、食品与药品管理局以及农业部下属的食品安全与检验服务。其中，环境保护署的职责主要集中在农药的注册、登记和标记上，包括设立农药和环境化学品的残留限制以及相关法规，并发布《食品中化学农药残留限量与豁免规定》。食品与药品管理局负责监管国内和进口食品的安全性。食品安全与检验服务专注于确保肉类和家禽产品的安全。为此，美国建立了包含约 380 种农药的约 11000 项农药残留最大限量标准，并对那些具有致癌风险或未明确安全剂量的农药实施了严格的零残留政策。

四、美国农产品贸易救济措施的主要内容

美国的法律制度中反倾销的内容体现在《1930 年关税税则》、美国国际贸易委员会制定的《实践和程序规则》以及美国商务部制定的《反倾销条例》。某一产品是否倾销以及国内同类产品或产业是否会因该产品的进口而受损均为美国征收反倾销税的条件，国内相关产业因某一产品的进口遭受到实质损害或发展受阻即为损害。

美国的反补贴政策在实施过程中遵循两个步骤：一是判定进口产品是否超出了对补贴的规定并对国内市场造成了实质损害；二是决策是否对其征收反补贴税。损害判定需同时考虑实质损害、实质损害威胁和实质妨碍本国产业发展几个方面。实质损害衡量时关注被调查商品的进口规模以及其导致本国相似商品价格的波动；实质损害威胁在衡量时要综合考虑各个因素，如进口商品是否会导致本国相似商品价格出现较大波动等负面影响；实质妨碍本国产业发展在衡量时要考虑国内供应规模和

进口规模的对比，判断国内供应商的情况等。

美国的贸易保障措施主要由一系列临时进口救济手段构成，当美国国际贸易委员会判断商品对当地供应商提供的相似商品或者直接竞争商品的市场份额造成较大影响时，临时救济手段就会被执行。此外，基于《1974 年贸易法》的"201 条款"规定了美国一系列临时进口救济政策，其具体适用规定决定权在总统手中。

美国的贸易救济措施具有较强的贸易保护倾向且具有很强的区别对待特征，其对进口农产品发起的反倾销调查次数较多，持续时间较长，并进行多次行政复审、情势变迁复审等相关调查，致使外国农产品的出口和销售受到压制。

第三节　欧盟农产品技术性贸易措施和贸易救济措施

一、欧盟农业概况及中欧农产品贸易现状

欧盟目前共 27 个成员国，人口近 4.5 亿，土地面积约为 420 万平方千米，农业用地面积约为 162 万平方千米。欧盟是中国农产品第一大出口市场和重要进口来源地，中欧农产品贸易是我国农产品贸易的重要组成部分。欧盟主要生产的农产品包括谷物、油籽、糖料、畜产品和水果。欧盟是世界重要的谷物生产大国，小麦和玉米是其主要的谷物产品。其中，小麦产量约占世界的 18%，玉米产量约占世界的 6%。欧盟的油籽以油菜籽和葵花籽为主，糖料以甜菜为主，畜产品以禽肉、牛肉、猪肉和羊肉为主，水果以葡萄和苹果为主。其中，欧盟是世界上最大的葡萄酒

产地，绝大部分葡萄用于生产葡萄酒。

在中欧贸易方面，2022 年中欧农产品贸易额高达 305.9 亿美元，其中，中国对欧盟出口额为 116 亿美元，中国自欧盟进口额为 189.9 亿美元。中国主要从欧盟进口的农产品以奶粉、葡萄酒、猪肉、猪杂碎和小麦为主，中国向欧盟出口的农产品以水产品、油脂类产品和宠物食品为主。然而，欧盟农食产品安全标准较高，近年来，中国对欧盟农产品出口乏力，最重要的原因之一就是欧盟方面极高的技术性贸易壁垒。

二、欧盟农产品安全体系

（一）欧盟农产品质量安全管理体系

欧盟的农产品质量管理体系是依照 2000 年发布的《食品安全白皮书》（White Paper on Food Safety–European Union）而建立，其中特别强调了进行食品安全风险评估、建立独立科学的管理机构、制定食品安全预防措施和建立应急管理和快速预警机制。

一般来说，欧盟的农产品质量安全管理体系由政府或组织间的纵向和横向管理监控体系构成：纵向管理体系是指欧盟委员会（European Commission，EC）任命的食品安全最高管理机构及其下属的分布在各成员国内部的专业管理委员会；横向管理体系是由若干专业委员会构成的覆盖全面的管理网络体系，如植物健康常务委员会、兽医常务委员会等。纵向和横向管理体系构成了强大的网络体系以保护欧盟居民免受污染农产品的侵害，但面临着权力相对分散、沟通不畅的问题。为了统一协调和管理，欧盟成立了食品安全管理局（European Food Safety Authority，EFSA）来承担检测农产品供应链的职能。

从农产品质量安全管理体制来看，欧盟将风险评估和风险管理分离，并分别成立了风险评估和风险管理机构。其中，欧盟食品安全局负责风险评估，欧盟委员会健康与消费者保护总司（Directorate–General for Health

and Consumer Protection of the European Commission，DGSANCO）及其下属
的欧盟食品与兽医局（The Food and Veterinary Office，FVO）负责实施风
险管理。

（二）欧盟农产品质量安全法规体系

欧盟的法规一般以具有强制法律效力的规章（Regulation）、指令
（Directive）和决议（Decision），以及不具有强制法律效力的建议（Rec-
ommendation）和意见（Opinion）构成。欧盟关于农产品质量安全的法规
体系主要由《食品安全白皮书》及其相关的七部法律构成，即①法规
（EC）178/2002：基本食品法。②法规（EC）852/2004：食品卫生法。
③法规（EC）853/2004：动物源性食品特殊卫生规定。④法规（EC）
854/2004：供人类消费用动物源性食品官方组织细则。⑤法规（EC）
882/2004：确保符合食品与饲料法、动物健康与动物福利规定的官方控
制。⑥指令2002/99/EC：供人类消费的动物源性产品的生产、加工、销
售及引进的动物卫生法规。⑦法规（EC）183/2005：饲料卫生要求。

欧盟农产品质量安全标准的特点在于其技术法规与标准分为两个层
次：一是具有强制性的欧盟指令；二是各国可自行选择的技术标准，即
除了统一的技术标准和法规，各国可以在欧盟标准的基础上各自制定农
产品标准。《欧盟食品安全卫生制度》是最早颁布实施的欧盟技术性法
规，并通过《食品安全白皮书》将各类法规、法律和标准体系化。欧盟
统一的农产品技术标准和法规被称为欧盟指令，凡涉及欧盟指令，需要
符合指令的要求并通过一定认证，否则无法流通在欧盟统一市场上。此
外，欧盟要求出口方需要取得良好制造标准（Good Manufacturing Prac-
tice，GMP）和危害分析及关键控制点（Hazard Analysis Critical Control
Point，HACCP）证明方可进入。欧盟发布的许多指令已经形成了两层结
构的技术体系，上层是具有法律强制力的欧盟指令，下层包含具体技术
内容和标准。因此，其他国家的农产品想进入欧盟需要面对两套技术标

准，对欧盟农产品起到了双重保护作用。各国设立的可自愿选择的技术内容依据各国不同的情况较为多样。

三、欧盟农产品技术性贸易措施的主要内容及特点

（一）严格的准入门槛和进口标准

欧盟秉承"从农田到餐桌"的全程控制理论，对农产品从原料到成品储存、运输和消费等环节的可追溯管理提出了很高要求，即对农产品设置了很高的准入门槛，其安全要求覆盖了农产品的全产业链条。欧盟的农食产品安全标准依照 2006 年颁布的《欧盟食品及饲料安全管理法规》（以下简称《法规》）实施，该《法规》不仅强化了终端农食产品的安全标准，也强化了可追溯性系统的建立，要求所有的农食产品及饲料必须标示生产者姓名、地址、产品名称和交易日期，并需要将相关数据保存 5 年以上，供追查使用。例如，欧盟对水产品的生产、运输、加工等环节制定了严格的卫生标准，要求加注产地、品种、捕捞区域的说明标志才可以进入欧盟市场。

此外，欧盟从标签、医学声明、包装和容器、食品添加剂等方面对进口农食产品作出了更为具体的规定，其具体内容如下：

第一，标签。标签需要包括产品名称、成分和食品添加剂列表、成分含量、酒精含量、保质期、储藏条件、公制单位、制造商和进口商的名称和地址、条形码等信息。针对牛肉，欧盟要求标注出生地、饲养地、身份标识号码、认定的屠宰场号码、认定的切割工厂号码、连接牛肉和所来源动物的追踪代码。另外，除非特定的食疗食品，欧盟禁止食品做预防和治疗致病作用的医学声明。

第二，包装和容器。欧盟强调包装产品可重复使用、包装材料可循环再生或降解，要求包装材料的最低回收目标达 60%，最低再循环率达 55%。

第三，食品添加剂。除少数添加剂在特殊情况和特殊产品中被允许使用外，欧盟禁止绝大部分食品添加剂的使用。

第四，其他规定和要求。欧盟要求对进口农食产品进行注册、检验和认证，以达到食品安全控制的实验室标准。对水果和蔬菜，欧盟要求产品必须有植物检疫证书，以确定其无虫病。对致敏性食品，欧盟要求食品标签必须列出致敏成分。对农药残留限量，欧盟规定总黄曲霉素最大残留为0.01毫克/千克，标准高于国际食品法典委员会和美国食品药品监督管理局的规定。

（二）对环境保护和动物福利设置额外的绿色壁垒

绿色壁垒是欧盟技术性壁垒中对外国农产品进入欧盟影响最大的类别。欧盟对农产品中农兽药残留量、生物毒素污染的检验标准非常严苛，且由于其严格和全面的环保规定，使得外国输欧农产品遭遇绿色壁垒的数量逐年上升。

欧盟严格的准入门槛还体现在对农兽药和污染物不断提高的安全限量要求。从2008年起，欧盟实施新的农药残留标准体系，对欧盟成员国实行统一的农药残留标准，其农药残留限量数量从39000多个增加到118000多个，对于没有设立残留量的农药，一般要求小于0.01毫克/千克。例如，2022年，为解决全球关切的环境问题，欧盟通过了降低噻虫胺和噻虫嗪的最大残留水平至量化限度的条例。2021年，欧盟委员会发布（EU）2021/1531号条例，修订苯草醚（Aclonifen）、氟丙菊酯（Acrinathrin）、短小芽孢杆菌（Bacillus Pumilus）QST 2808、乙菌定（Ethirimol）、吡噻菌胺（Penthiopyrad）、毒莠定（Picloram）和假单胞菌（Pseudomonas sp.）菌株DSMZ 13134等农药在农产品中的最大残留限量。欧盟委员会健康与消费者保护总司在2014年修改了第（EC）No396/2005号法规中有关二氯丙烯、甲羧除草醚、精二甲吩草胺、调环酸、甲苯氟磺胺及氟乐灵6种农药的最大残留限量（MRL），进一步抬高了食品的市场准入要求。这一新的欧盟标准对农食产品中的农药残留限值远低于中国国家标准规定限值，其对油料大豆中甲羧除草醚的含量要求为中国标准的 1/5，菜用大豆则为 1/10，对莴苣中甲苯氟磺胺的含量要求是中国标准规定含量的 1/1500。又如，由于欧盟不断出台新的茶叶农残标准，提高茶叶检测标准，国内茶叶出口屡屡受阻。2022 年 12 月，欧盟通报我国出口红茶不合格；2024 年 2 月，欧盟通报我国出口绿茶不合格。因而，企业为满足欧盟不断提高的进口标准，需要付出极高的合规成本，包括进行生产技术和质量管理提升，并支付更多的检验费用。

此外，欧盟对转基因农产品的管理也较为严格，并具有世界上最完备的转基因农产品的法律体系，转基因农产品的流通需要经过欧盟委员会同意且审批过程冗长。

四、欧盟农产品贸易救济措施的主要内容

在贸易救济措施方面，欧盟针对农产品的反倾销调查评审相对客观，贸易保护倾向较小。欧盟现行反倾销法根据《欧洲共同体条约》有关共同贸易政策的规定制定。该条款明确将包括反倾销和反补贴在内的贸易保护措施作为一项重要内容纳入共同贸易政策所涉及的范围，并为如何制定反倾销法规提供程序性规定。根据该条制定的欧盟反倾销法规主要为 1996 年公布的《欧洲经济共同体理事会关于抵制来自非共同体成员国的进口产品倾销的第 384/96 号条例》，简称"反倾销条例"。

欧盟反倾销案件触发的条件包括进口产品有倾销意向和反应、产品进入欧盟市场后对当地市场存在一定威胁、市场倾销和国内产品及产业损害有一定因果关系以及欧盟其他成员国不会因为反倾销案件的确立而受到影响。其中，倾销的认定包括正常值的确定、出口价格的确定以及正常价值与出口价格的公平比较等流程。欧盟对反倾销损害的判断是基于建立在证据之上的侵权案件，而非只是通过指控的方式判定损害的程

度。欧盟反补贴法中的赔偿法包含了反补贴过程中的主要内容由应抵消补贴认定、损害认定、因果关系确定和欧盟利益的认定所共同构成。

第四节　日本农产品技术性贸易措施和贸易救济措施

一、日本农业概况及中日农产品贸易现状

日本是个国土狭长、人口众多、自然资源匮乏的岛国，由北海道、本州、四国和九州4个大岛和3900余个小岛组成。根据气候和地理条件，日本又分为北海道、东北、北陆、关东和东山、东海、近畿、中国、四国、九州共9个农业区。日本农产品自给率极低，外贸依存度非常高，几乎所有农产品都需要进口才能满足国内需求。由于日本牧场和牧草地稀缺，肉类和畜牧业饲料都高度依赖进口，主要进口国为美国、中国和东南亚等国。

日本是中国农产品第一大出口市场，中国对日本农产品贸易有巨大的顺差。2022年中日农产品贸易额达123.3亿美元。具体来说，中国向日本出口的农产品主要为鸡类产品、鳗鱼、墨鱼和鱿鱼、药材、豆粕等，从日本进口的农产品主要为扇贝、无醇饮料、咖啡及制品、烈性酒、膨化食品等。

二、日本农产品安全管理体系和技术标准

日本农林水产省和厚生劳动省共同负责进口农产品的管理和检查。农林水产省的主要职责是对水产品质量和安全进行管控、进口农产品的

动植物检疫、进口和国内粮食的安全性检查、国内农产品品质和标识认证及管理等。厚生劳动省主要负责农产品加工和流通环节的安全监督管理、进口农产品的安全检查、依据《食品安全法》进行监督执法等。厚生劳动省下设医药食品局来执行食品卫生法，其中专门设有食品安全委员会，对食品添加物及农药残留的鉴定结果进行评估，执行对食品加工设施的卫生管理。一般而言，进口农产品先是由农林水产省进行病虫害检疫，再交由厚生劳动省进行食品卫生防疫检验，进口检疫检验程序复杂冗长，并且执法机关自由裁量权较大。

日本技术标准和法规名目繁多，且多数高于国际标准，主要体现在工业标准（JIS）和农林标准（JAS），与农产品贸易关系最为密切的是农林标准（JAS）。JAS 标志是自愿认证，由生产、流通和消费部门的各界代表所组成的调查会来共同制定，符合 JAS 标准的产品可取得 JAS 标志并上市流通。此外，在农产品认证方面，日本实行"身份证"认证制度，要求进口农产品不仅要标注品种、原产地、包装容量、流通期限、保存方法等，还要标注生产者姓名、认证号码等信息。与此同时，日本的认证制度对不同国家加以区别对待。例如，日本曾认定只有包括美国、韩国、菲律宾等 32 个国家属于无口蹄疫正常进口国，而包括中国在内的 9 个国家的家畜进口要经过指定的加热消毒处理后才能进口。总体来说，日本的技术性贸易壁垒体系的特点是技术标准制定严苛，强制规定多，对进口国区别对待，实施名目繁多和要求严格的法律法规及检验检疫制度。

三、日本技术性贸易措施法规体系

日本采取了积极的农业政策，一方面在为自己少量具有竞争优势的产品寻找海外市场；另一方面要限制海外农产品进口来保护国内农业产业的存续和发展。在 WTO 的框架下，高关税措施受到严格控制，因而日本以保护人民生命健康、保护环境和保护动植物为由将技术性贸易措施作为限制农产品进口的重要手段。

日本制定了要求严格、数量繁多、范围广泛的农产品法律法规、安全标准和认定程序，其中与农产品进口直接关联的法律法规有《食品卫生法》《食品安全法》《转基因食品标识法》《植物防疫法》《家畜传染病预防法》《农林物资规格化和质量表示标准法规》《农药管理法》《食品中残留农用化学品肯定列表制度》《农药取缔法》《饲料安全保证和改进质量法》《药事法》等，这些法规从生产、加工、包装、流通到质量、安全标准无所不至地涉及谷物、水产品、肉类、蔬菜等几乎所有农产品。

（一）《食品卫生法》

《食品卫生法》是日本农产品质量与卫生控制的最重要法律，其内容明确了农食产品、食品添加剂、食品包装、食品标签、设施设备的规格和标准等。《食品卫生法》也明确了农食产品的检验方法和执法机构，要求厚生劳动省大臣负责食品卫生的管理，并以厚生劳动省令的方式颁布具体的实施细则和管理方法。此外，农林水产省还设立了食品安全危机管理小组，负责应对重大食品安全问题，强化日本农产品的保护机制。

（二）《食品安全法》

《食品安全法》的前身是在 1947 年实施的《食品卫生法》，该法在历史上经过多次修订，并在 2003 年进行了重大修改。2003 年实施的《食品安全法》最重大的意义在于明确了立法原则和理念，确立了食品安全责任主体，给出了食品安全政策制定的基本方针。《食品安全法》的立法理念在于确保国民健康得到保护，确保食品从农场到餐桌流通各环节安全性的全程管理以及以预防食品安全问题为主。该法强调食品安全责任主体的多元化，从以国家为主扩展到地方公共团体、食品相关从业者和消费者共同承担食品安全责任。同时，该法明确食品安全政策制定基本方针主要在于预先进行食品安全评估、建立国内外信息交换制度、建立突发事件处理制度体系、构建食品安全性知识公知体系等方面。

（三）《家畜传染病预防法》

在动物检疫方面，其指导法律是《家畜传染病预防法》以及国际动物卫生组织（OIE）等国际机构发表的世界动物疫情通报，具体实施机构为农林水产省下属的动物检疫所。《家畜传染病预防法》规定，日本进口的所有畜产品需要提前向动物检疫所申报。日本对进口的动物及其制品设置繁杂的手续，一般猪、牛需要提前 90~120 天申报，鸡、鸭需要提前 40~70 天申报，并在日本检疫人员登船检查合格后，才可以颁发《进口检疫证明书》，整个流程复杂冗长。凡是属于禁止进口产地产品，即使有出口国检疫证也不能入内。

（四）《植物防疫法》

在植物检疫方面，其指导原则是《植物防疫法》，由农林水产省植物防疫所执行，是日本植物检疫的法律依据。与动物检疫相似，日本根据法律和国际机构报告制定植物检疫细则，属于禁止进口的产地农产品不允许入内。日本植物防疫所对检验检疫无害的农产品颁发《植物检查合格证明书》作为申请进口申报的重要材料。

（五）农药残留限量要求

对农产品出口国影响最大的技术性贸易措施是自 2006 年起实施的"肯定列表制度"，其内容包括"暂定标准"和"一律标准"。"暂定标准"对约 800 种农兽药及饲料添加剂共制定 5 万余项残留限量标准。"一律标准"规定不属于"暂定标准"中的农业化学品在食品中的最大残留含量不得超过 0.01 毫克/千克。一旦查出出口日本的农产品残留物含量超过 0.01 毫克/千克，将被禁止进口和流通。

第五节　其他国家技术性贸易措施的主要内容

一、韩国技术性贸易措施的主要内容

（一）韩国农产品安全管理体系

目前，韩国农产品安全体系由三个政府部门进行管理，包括农林部、海洋渔业部和食品药品安全厅。其中，农林部负责农产品的生产、储藏和批发的质量安全管理，以及农畜产品的质量认证、原产地管理、转基因生物标识管理等；海洋渔业部负责水产品的质量安全管理和病虫害检疫工作；食品药品安全厅负责农产品加工和流通领域的安全管理。

（二）韩国技术性贸易措施法规体系

韩国农产品质量安全管理体系所涉及的法律依据较多，包括《农产品品质管理法》《粮谷管理法》《家畜传染病预防法》《肥料管理法》《饲料管理法》《植物防疫法》《水产品检验法》等众多法律。除此之外，韩国制定了一系列种类繁多的检疫和卫生安全标准，将几乎所有农产品置于不同程度的质量安全和法律法规保护之下。在此基础上，韩国频繁修订有关农产品和食品相关的加工和进口标准，包括水果蔬菜花卉病虫害检疫制度、转基因加工食品标识制度、家禽肉检疫制度、水产品安全检疫、原产地强制标识制度等。

二、印度技术性贸易措施的主要内容

（一）印度农产品安全管理体系和技术标准

印度的农产品技术性贸易措施主要体现在强化农产品卫生和安全检

疫标准、对农产品实行分等定级和标准化鉴定。印度于 1947 年成立印度标准学会（ISI），并于 1952 年开始实行 ISI 标志认证制度，1986 年成立的印度标准局（BIS）在 1987 年取代 ISI 成为国家标准化机构。

印度采取农产品技术性贸易措施的做法主要包括 IS 标准的使用和政府监督常设小组的建立。印度农产品的进口，如小麦、大米等作物，只能通过政府制定的符合标准的国营公司进口并依照 IS 标准进行进口检疫。政府监督常设小组由商业秘书组织的秘书组成，实时监督可能对印度农业产业造成冲击的"敏感商品"进口状况，并提出预警。在转基因农产品进口方面，印度对所有进口农产品实施转基因安全证书计划，要求对所有进口农产品出具是否含有转基因成分的证明。

（二）印度农产品贸易救济措施的主要内容

印度的反倾销法律依据为《1975 年海关关税法》和《1995 年海关关税规则》，其反倾销法律法规使用的前提包括三点：一是满足倾销行为的判定要求；二是产品的进入使国内产业发展受阻；三是进行反倾销后可对国内产品的发展起到保护作用。印度确定反倾销行为的标准是进口产品的价格是否高于本国产品以及该产品是否对国内同类产品和产业造成威胁。印度触发反补贴法的判定依据在其市场占有率是否因为补贴而上升、国内价格是否因进口而受到大幅影响、是否影响国内生产的发展和提升以及此类产品在印度的库存量。

三、巴西技术性贸易措施的主要内容

（一）巴西农产品安全管理体系

巴西农产品安全体系的负责部门包括巴西农业、畜牧和食品供应部和卫生部。巴西农业、畜牧和食品供应部下设农业政策办公室、农村发展与合作办公室、农产品与市场办公室和农业保护办公室，主要负责农产品和食品流通过程中法规的执行和监管。巴西卫生部主要负责加工食品法规的执行。

（二）巴西技术性贸易措施法规体系

巴西农产品质量安全管理体系所涉及的法律主要是《工业基本法》和《进口管理规定》。巴西允许各州和市政府执行州、市法律，但当其与联邦法律冲突时，必须以联邦法律为准。

第五章 农产品技术性贸易措施案例分析

第一节 智利—欧盟禽流感暴发过程中的危机管理[①]

一、基本情况

在 2002 年之前，高致病性禽流感（HPAI）从未在南美洲任何国家暴发过。然而，2002 年 5 月，智利卫生当局接到了可能爆发高致病性禽流感的通告，并最终确定为 HPAI 型禽流感。此时，欧盟是智利禽类产品最主要的出口市场，占出口总额的一半以上。智利农业与畜禽服务协会（SAG）向世界动物卫生组织和主要贸易伙伴及时作了通报。随后，部分

---

① 本节翻译并改编自 *Managing the Challenges of WTO Participation-45 Case Studies* 中的 *Case Study* 10：*The SPS Agreement and Crisis Management*；*The Chile-EU Avian Influenza Experience*（Claudia Orozco，2005），同时部分引用自《中国农产品贸易与 SPS 措施：贸易模式、影响程度及应对策略分析》中的内容。

欧盟国家开始实施卫生保障措施，禁止来自智利的所有禽类产品，包括此前批准已在运输途中的产品。

在禽流感疫情暴发后，智利的禽流感非疫区地位受到重大影响，出口市场被迫关闭。此时，智利当局和智利家禽产业突然面临着几个巨大的挑战：①控制高致病性禽流感必然会捕杀大量的禽类，造成巨大的损失。②无疫病国家地位被取消，需要重新获得。③保持其主要贸易伙伴的信心，确保欧洲委员会采取的保障卫生措施不会变成永久性措施。

为了控制疫情的蔓延，智利政府采取了严格的卫生防疫措施，并很快在控制疫情扩散方面取得了良好的效果。智利政府通过向欧盟展示他们的危机处理能力，使欧盟在六个月内取消了针对智利禽流感疫情的预防性措施。作为出口方的智利和作为进口方的欧盟为 WTO 成员方和整个全球贸易系统提供了一个成功的模板：一个拥有高效组织能力的发展中国家能够有效应对卫生防疫危机。

二、危机应对的主要机构

（一）智利政府

在卫生防疫危机管理中，智利政府的四个重要部门发挥了关键作用：

第一，智利农业与畜禽部。该部门主要负责整个禽流感危机事件的政策应对与管理。

第二，智利与畜禽服务协会（SAG）。SAG 是一个独立的中介组织，尽管需要向政府的农业主管部门汇报，但拥有技术、管理、财务及法律上的自主权。SAG 的宗旨是避免外来疾病进入本国领土，控制或根除重要疾病，以防止其在国内传播，并增强国民健康状况。在禽流感危机应对中，SAG 主要负责三个方面的工作：首先，暂停对禽类产品出口许可证的发放，并及时通报贸易伙伴及相关国际组织；其次，在技术上对如何减少被感染的农场做出决策，并在全国范围内展开普查，对被感染及临近区域采取严格的卫生检测措施；最后，通过其组织架构，负责全国范围内应对政策的具体实施。

第三，智利外事部门。外事部门主要包括智利政府外事部下辖的经济理事会市场准入分部及智利驻欧盟和世贸组织代表团，负责处理与欧盟与WTO的关系，如向WTO/SPS委员会报告情况，与欧盟接洽并报告禽流感应对的最新进展等。

第四，智利私人部门：包括禽业生产者、禽肉生产者协会、禽蛋生产者协会及专攻禽类的收益协会。禽业生产者还聘请私人兽医，在官方兽医的指导下展开卫生检疫工作。

此外，为了提高应对禽流感危机的效率，智利政府将上述成员分成了三个工作委员会。首先，政府工作组。工作组由农业部部长和副部长、SAG全国理事长、农业部畜禽保护分部长及农业部顾问组成，定期与禽类产业及其行业协会的代表会面，商讨相关事宜。其次，技术工作组。工作组由SAG官员及专攻家禽饲养和学术造诣较高的兽医代表组成，负责技术层面的工作。最后，操作工作组。工作组包括SAG的专业人员和技术人员及专门聘请的官员，负责具体操作事宜。

（二）欧盟

欧盟委员会由负责健康与消费者保护的总理事会领导，在欧洲食品安全政府部门的支持下，负责欧盟成员国的食品安全、动物健康、动物福利及植物健康的立法和政策工作，并监测第三国的卫生控制体系，确保其产品出口到欧盟时遵守相关规定。

对于智利的禽类出口产品，总理事会的工作分为两个阶段：第一阶段，授予智利禽类产品出口到欧盟的权利，评估智利的产品卫生状况、法律制度及相关产业组织，并授权智利农业与畜禽服务协会颁发出口许可证。第二阶段，就是否采取卫生保障措施的决策做准备，收集智利的信息，为委员会投票表决准备草案，并在内部磋商后起草最终提案，提案内容包括禁止从智利进口禽类产品或对智利领土进行临时分区化处理，以减少禁令对智利的影响。

（三）世界动物卫生组织

间接影响此案结果的第三方成员为世界动物卫生组织（OIE），其目标是确保全球动物疾病和人畜共患病状况的透明度。OIE主要工作包括收集、分析和发布兽医信息，提供专家指导意见，促进国际合作以控制动物疾病，制定国际健康标准保障贸易安全以及完善兽医服务。

在应对此次禽流感危机中，OIE确保动物健康信息公开透明，管理世界动物健康信息系统，提供快速预警和健康状况通报。应智利农业与禽畜服务协会的请求，OIE推荐了禽流感专家，并在防疫措施上提供指导，包括引荐滤过性病原体专家和流行病学专家。

三、挑战和应对

（一）智利面临的挑战及其应对

禽流感暴发导致智利失去非疫区地位，禽肉出口市场关闭，产业面临巨大挑战。智利政府需要迅速控制HPAI这种高度传染性疾病，彻底根除以恢复非疫区地位，否则产业将遭受巨大损失。此外，智利还需重建主要贸易伙伴对智利禽类产品的信心，防止欧盟的保障措施变成持久性限制。

智利政府部门、行业协会、外事部门及私人机构通力协作，迅速恢复了欧盟市场准入。政府指导应对禽流感，农业与畜禽服务协会建立快速响应组织进行监控和检测；行业协会与外事部门定期向欧盟提交卫生检测进展。智利的禽业生产者和相关协会与政府和行业协会紧密合作，迅速执行紧急措施。私人兽医在官方指导下清空养殖场并进行取样等重要工作。

（二）欧盟面临的挑战及其应对

欧盟委员会在处理智利禽流感暴发时面临重大挑战，包括活禽、禽肉及肉制品贸易给欧盟各国带来的疫病威胁。即使疫情解除后重新开放市场，也需谨慎评估智利提供的无疫病证据。

各方依据《WTO 协议》中的《SPS 协议》应对挑战。《SPS 协议》第 6 条第 1 款规定进口成员国应针对存在卫生威胁的地区采取 SPS 措施，第 6 条第 3 款则要求出口国提供必要证据证明其地区无疫病，允许进口国进行检查和评估。此外，《SPS 协议》导言强调国际标准的重要性，以确保必要保护并最小化贸易影响。

根据《SPS 协议》的相关规定，欧盟认为智利存在严重卫生安全问题，需控制相关产品的进出口贸易。欧盟委员会要求成员国禁止进口智利禽类产品，但未向 WTO 通报。3 个月后，因智利禽流感未外传，欧盟允许智利临时分区化出口，并向 WTO 通报。2002 年 12 月 19 日，智利向世界动物卫生组织通报其已成为禽流感非疫区，欧盟认为智利禽类产品符合卫生标准。欧盟智利禽流感事件快速反应的原因可归结为智利完善的法律制度框架、高度透明的应对措施以及世界动物卫生组织专家小组的可信报告。

四、可借鉴的经验教训

（一）智利的观点

智利政府官员在应对禽流感危机中总结了三方面的经验：

第一，透明度。从怀疑存在禽流感病毒开始，智利农业与畜禽服务协会（SAG）就保持信息公开透明。即使在确认 HPAI 型禽流感病毒之前，基于实验室初步结果，SAG 暂停了禽类产品的出口许可证，并通报相关贸易伙伴、国际组织及私人部门。此后，定期向欧盟委员会和世界动物卫生组织（OIE）通报卫生监测行动及所有采取措施的详细情况，保持高度透明。

第二，禽类产业的团队合作。与禽类产业相关的所有成员（包括生产企业、中介组织、私人兽医及科研院所等）通力协作，是成功控制禽流感的关键。迅速对感染地区采取紧急措施，防止病毒传播；在未感染地区实施新生物安全措施，强化防控。团队合作被所有相关人员认为是最关键的成功要素。

第三，智利在国际组织中的积极参与。智利积极参与国际组织，将危机及其采取的卫生监测行动告知相关国际组织，并邀请世界动物卫生组织专家来访检测、审核和指导，帮助国际组织及贸易伙伴准确了解智利的实际情况。

智利政府指出，如果类似情况再发生，处理方式的唯一不同是允许私人部门的参与。此外，尽管《SPS 协议》第 6 条规定了分区化处理的义务，但并非所有 WTO 成员方都以合理的方式实施。如果智利没有做到信息公开透明，分区化出口就无法实现。这一经验表明《SPS 协议》第 6 条需要进一步完善。

智利禽肉生产者协会指出，严格的生物安全措施需要吸取两项教训：一是生产者协会在危机中应担当领导角色，并迅速与政府部门取得联系；二是智利实验室的检测和分析能力有待提高。

（二）欧盟的观点

欧盟委员会认为，他们之所以能较为快速地为智利的禽类产品重新打开市场，与下列因素密不可分：

第一，智利政府在禽流感的暴发及其应对过程中所体现出来的透明度。

第二，智利政府定期提供的信息的质量较高，信息总是很完整、连贯。同时，在布鲁塞尔的双边会议上，智利代表团汇报的信息非常有效。智利代表团的成员，包括兽医和学术专家，都能回答有关技术上的问题，信息的交换较为畅通。

第三，智利兽医系统的组织架构较好，兽医服务的质量较高。

第四，智利技术官员相互之间的良好关系。

第五，智利对世界动物卫生组织专家的建议较为遵从。

此外，欧盟官员还指出，智利对禽流感危机的管理及欧盟的快速反应，值得其他 WTO 成员学习。若其他出口成员国也具备类似完整、科学的信息，也可能不会接受临时分区化处理措施。同时，其他进口成员国也可能不愿快速接受其非疫区地位。部分 WTO 成员要求出口国付费进行全面风险评估，而不管已有的信息所表明的疾病暴发的实际情形。因此，建议进一步完善《SPS 协议》第 6 条，列出指导性条目，确保所有 WTO 成员采取类似措施，以避免卫生安全问题解决后对国际贸易的影响。

（三）世界动物卫生组织的观点

世界动物卫生组织认为，从卫生角度来看，这个案例的成功主要归功于智利政府兽医部门的快速反应。在短时间内，兽医官员迅速完成了汇报、检测和处理信息的工作，这表明高致病性传染病是可控的。同时，禽类产业部门的良好组织架构也为疾病控制提供了有利条件。

第二节　欧盟诉俄罗斯生肉和猪肉制品进口限制措施案[①]

一、基本情况

2014 年 1 月 24 日，在立陶宛发现两起非洲猪瘟（ASF）病例后，俄

---

① 本节引用自《农产品技术性贸易措施热点问题与案例研究》中的部分内容。

罗斯于 2014 年 1 月 27 日起停止接收来自整个欧盟的争议产品，包括生猪及其遗传物质、猪肉及部分猪肉制品（以下简称欧盟禁令）。随后，俄罗斯还发布了针对爆发非洲猪瘟的爱沙尼亚、拉脱维亚、立陶宛和波兰的特定禁令（以下简称成员国禁令）。欧盟对此通过 WTO 争端解决机制提出申诉，并于 2014 年 4 月 8 日要求与俄罗斯进行磋商，但未能达成一致。WTO 争端解决机构（DSB）根据《管理争端解决的规则与程序的谅解》（DSU）及《SPS 协定》启动争端解决程序，组建专家组对双方的主张和依据进行审查并做出裁决。2016 年 8 月，专家组裁定俄罗斯的行为不符合其在《SPS 协定》下的义务，抵消或减损了欧盟根据该协定获得的利益。此后，俄罗斯和欧盟分别对专家组报告中的部分结论提出上诉。2017 年 2 月，上诉机构发布报告，维持了专家组关于俄罗斯违反《SPS 协定》相关条款的裁定。

二、专家组及上诉机构的审查过程

（一）专家组组建和工作过程

2014 年 6 月 27 日，欧盟要求建立专家组。同年 7 月 22 日，DSB 应欧盟的要求成立了专家组。10 月 23 日，WTO 总干事指定了专家组成员，包括一名组长和两名成员，组成了一个三人团队。

2014 年 12 月 8 日，专家组在与当事双方协商后通过了工作程序和时间表。专家组与世界动物卫生组织（OIE）及部分专家进行了磋商，并在与各方协商后，于 2015 年 6 月 2 日通过了修订后的时间表和其他咨询程序。2016 年 2 月 11 日，专家组向当事双方发布了最终报告。2016 年 8 月 19 日，专家组报告分发给 WTO 成员并在 WTO 网站上发布。

（二）上诉机构的裁决过程

2016 年 9 月 23 日，俄罗斯通知 DSB 将对专家组报告中的某些问题提出上诉，并根据《上诉审查工作程序》提交了上诉通知书和上诉人陈述。

同年 9 月 28 日，欧盟也通知 DSB，将对专家组报告中的某些问题提出上诉，并提交了其他上诉通知书和其他上诉人陈述。10 月 11 日，欧盟和俄罗斯分别提交了被上诉人陈述。澳大利亚、巴西和美国提交了第三方参与者陈述，中国、印度、日本、韩国、挪威和南非等成员通知将作为第三方参与者出席口头听证会。11 月 24 日，上诉机构举行了口头听证会，参与者和第三方参与者均发表了意见，并回答了上诉机构成员提出的问题。2017 年 2 月 23 日，上诉机构的报告分发给 WTO 成员并在 WTO 网站上发布。

三、专家组及上诉机构的审查要点与结论

（一）俄罗斯措施是否为 SPS 措施

欧盟认为，俄罗斯实施的针对欧盟及其成员国的禁令不符合《SPS 协定》的规定。俄罗斯则认为，欧盟禁令并非 SPS 措施，因此不违反《SPS 协定》下的义务，而成员国禁令符合相关国际标准。此外，俄罗斯不承认欧盟建议的非疫区，认为成员国禁令与《SPS 协定》下的义务并不矛盾。因此，专家组首先对俄罗斯的措施是否属于 SPS 措施进行裁定。

专家组指出，欧盟已证明针对整个欧盟的禁令是一项综合措施。俄罗斯拒绝进口生猪、猪肉及其他猪肉制品的依据是与欧盟谈判达成的兽医证书中的要求。根据该要求，整个欧盟地区必须在三年内无 ASF 疫情，俄罗斯才会进口这些产品。在立陶宛发生 ASF 疫情后，欧盟的产品不再符合这一要求，俄罗斯因此对整个欧盟实施了禁令。专家组认为，这些禁令是为了保护俄罗斯动物健康免受 ASF 的危害，符合《SPS 协定》对 SPS 措施的定义，因此属于 SPS 措施。

（二）俄罗斯是否为欧盟禁令的指定方

专家组认为，俄罗斯采取具体行动，使欧盟出口商无法向俄罗斯出口争议产品，这些产品被俄罗斯联邦兽医和植物检疫监督局（FSVPS）地方

部门拒绝。根据俄罗斯法规，FSVPS 及其地方部门是政府机关，其行动应视为俄罗斯的行动。专家组承认，欧盟地区出现 ASF 疫情，因此不满足双边商定的兽医证书要求。然而，实施进口禁令的是俄罗斯而非欧盟。此外，兽医证书的条款是俄罗斯对产品进口的要求。专家组指出，俄罗斯不仅要求出口国出示兽医证书，还要求遵守俄罗斯的若干要求，包括获得进口许可证。因此，专家组认为，俄罗斯是欧盟禁令的制定方。

俄罗斯对此上诉，称专家组错误地将双边兽医证书的内容归咎于俄罗斯。俄罗斯强调，整个欧盟地区必须在三年内无 ASF 才能获得向俄罗斯出口资格。虽然俄罗斯法律规定进口争议产品需兽医证书，但未规定欧盟无 ASF 的具体条件。俄罗斯指出，虽然兽医证书的条件是其国家卫生与植物卫生措施的一部分，但整个欧盟地区无 ASF 的条件并不是具体要求。

上诉机构指出，俄罗斯的措施不是基于兽医证书中关于三年内无 ASF 的条件，而是其拒绝进口争议产品的决定，即针对整个欧盟的禁令。俄罗斯不否认其禁止进口争议产品，尽管俄罗斯法律中可能没有规定这样做的依据，但这一事实不改变禁令归属于俄罗斯 SPS 措施的结论。因此，上诉机构裁定，俄罗斯是禁令的发起方，并支持专家组的结论。

（三）俄罗斯措施是否符合协调原则

由 OIE 制定并出版发行的《陆生法典》中的 ASF 条款规定了无疫国、无疫区和隔离区的认可条件，并允许来自这些地方的猪和猪肉产品进行安全贸易；非疫区的产品若经过处理确保销毁 ASF 病毒，也可进行贸易。欧盟认为，俄罗斯的禁令不符合或也并非基于《SPS 协定》的国际标准，甚至违反了相关标准。

俄罗斯认为，欧盟没有提供充足的证据证明禁令存在，称这些禁令是基于兽医证书要求，并尽可能符合 OIE 标准。俄罗斯还声称，其禁令符合《SPS 协定》的国际标准要求。

专家组认为，欧盟提供了足够证据，证明除爱沙尼亚、拉脱维亚、立陶宛和波兰外的欧盟地区以及爱沙尼亚、立陶宛和波兰的部分地区属于非疫区。但俄罗斯未考虑从未受疫情影响的欧盟成员国进口未经处理产品的可能性，这与《陆生法典》的无 ASF 地位规定背离。因此，针对未经处理产品的欧盟和部分成员国禁令不符合《SPS 协定》的规定。

对于拉脱维亚，由于欧盟未提供足够证据证明其非疫区地位，俄罗斯禁止进口未经处理产品的禁令符合《SPS 协定》。针对经处理产品的禁令，由于《陆生法典》允许经过处理的产品进行贸易，因此该禁令不符合《SPS 协定》的规定。

（四）俄罗斯措施是否有科学依据和风险评估

欧盟认为，俄罗斯的措施不符合 OIE 标准，需要确定是否基于风险评估及科学依据。欧盟指出，俄罗斯没有提供任何风险评估来支持其禁令，并未考虑《SPS 协定》要求的风险评估因素，因此违反了《SPS 协定》。

俄罗斯反驳称，欧盟没有提供证据证明存在针对其范围内的禁令，且俄罗斯并未实施这样的禁令。限制措施的实施是由于成员国无法提供符合要求的兽医证书，俄罗斯的措施遵守兽医证书规定并符合《SPS 协定》。此外，俄罗斯认为，进口未经认证产品没有足够的科学证据进行风险评估，因此决定基于现有信息作出决定。

专家组认为，俄罗斯有足够的科学证据对未受和受 ASF 影响的欧盟成员国进行风险评估，但其措施不是基于现有信息的临时措施，也没有寻求更多资料或在合理时间内审查禁令。这些禁令不属于《SPS 协定》管辖范围，不能享受义务豁免。俄罗斯未按照《SPS 协定》进行风险评估，因此违反了协议的规定。

（五）俄罗斯措施是否适应地区条件

专家组认为，俄罗斯承认与非洲猪瘟（ASF）相关的病虫害非疫区和低度流行区的概念，因此其欧盟禁令和成员国禁令符合《SPS 协定》中的义务。欧盟根据《SPS 协定》第 6.3 条向俄罗斯证明，除爱沙尼亚、拉脱维亚、立陶宛和波兰外，欧盟其他地区属于且可能继续属于 ASF 非疫区。俄罗斯没有调整禁令以适应这些地区的卫生与植物卫生特点，因此，欧盟禁令不符合《SPS 协定》第 6.1 条的规定。同时，欧盟也证明了爱沙尼亚、立陶宛和波兰部分地区属于且可能继续属于 ASF 非疫区，但俄罗斯没有相应调整这些禁令，也未进行风险评估，因此，这些禁令同样不符合《SPS 协定》第 6.1 条。

俄罗斯提出上诉，认为专家组在解释《SPS 协定》第 6.3 条时，只检查了欧盟提供的证据，并未考虑基于进口成员保护水平的科学和技术证据。俄罗斯还认为，专家组没有给予合理时间评估和核实欧盟提供的证据。此外，专家组错误地认定在欧盟未遵守第 6.3 条的情况下，俄罗斯违反了第 6.1 条的规定。

欧盟认为，专家组错误地裁定俄罗斯承认与 ASF 相关的非疫区和低度流行区的概念，从而认定俄罗斯的禁令符合《SPS 协定》义务。专家组应继续按照第 6.3 条和第 6.1 条进行分析，以确认临时性结论的正确性。

上诉机构认为，专家组的任务是评估欧盟提供的证据是否足以让俄罗斯确定欧盟地区的病虫害状况，而无须考虑俄罗斯开展风险评估所需的证据和时间。专家组对《SPS 协定》第 6.3 条的解释正确。对于俄罗斯上诉中关于第 6.1 条和第 6.3 条关系的错误看法，上诉机构认为，专家组关于俄罗斯针对拉脱维亚产品的禁令没有适应其非疫区特点的结论不正确。

上诉机构还认为，对一个地区的卫生与植物卫生特点的评估可以但不必须是风险评估的一部分。由于俄罗斯未能根据风险评估调整措施，违反了第 6.1 条。上诉机构还指出，评估成员是否符合第 6.1 条结合第 6.2 条时，不仅要审查法律规章，还要审查具体实施的步骤和行为。上诉机构推翻了专家组关于俄罗斯承认非疫区和低度流行区概念的裁定，认为俄罗斯的禁令不符合《SPS 协定》义务。

（六）俄罗斯对贸易的限制是否超出必要程度

《SPS 协定》规定，在制定或维持卫生与植物卫生措施以实现适当的卫生与植物卫生保护水平（ALOP）时，各成员应保证此类措施对贸易的限制不超过为达到 ALOP 所要求的限度，并考虑其技术和经济可行性。欧盟认为，俄罗斯未明确表示其适当的 ALOP，要求专家组从实际采用的 SPS 措施中推断其 ALOP。尽管在爱沙尼亚、拉脱维亚、立陶宛和波兰的部分区域以及欧盟的其他区域未受 ASF 影响，俄罗斯仍实施了禁令，但在其国内未受 ASF 影响地区的产品可以交易，这并不能遏制 ASF 的传播。

俄罗斯称，其对这四个成员国和欧盟进口产品的 ALOP 要求高，以符合 OIE 的标准，并防止 ASF 传入未受感染的俄罗斯地区。俄罗斯提交了大量证据，包括国内法律和行政计划，来支持其高 ALOP 的主张，并指出其措施是实现 ALOP 的最少贸易限制。俄罗斯还表示，欧盟未能证明其区域符合无 ASF 区域或隔离区的标准，不符合经处理产品的安全贸易条件。

专家组认为，欧盟根据《陆生法典》关于区域化的建议，提出了一些技术和经济上可行的措施作为替代方案。这些措施能够实现俄罗斯的 ALOP，且对贸易的限制远小于欧盟范围内的禁令。因此，欧盟范围内的禁令和针对四个成员国经处理和未经处理产品的禁令不符合《SPS 协定》的规定，超出了保护人类和动物生命或健康的必要范围。

（七）俄罗斯措施是否构成不合理歧视

欧盟认为，俄罗斯不符合《SPS 协定》第 2.3 条，即"各成员应保证其卫生与植物卫生措施不在情形相同或相似的成员之间，包括在成员自己领土和其他成员的领土之间构成任意或不合理的歧视。卫生与植物卫生措施的实施方式不得构成对国际贸易的变相限制。"欧盟指出，俄罗斯对从欧盟进口的争议产品实施全面禁令，而对俄罗斯国内的相关产品禁令仅限于 ASF 发源地周围的有限范围，这构成了歧视，对国际贸易构成了变相限制。

俄罗斯认为，与国内措施相比，其对受 ASF 影响的欧盟成员国的进口限制没有歧视性，法律上并无差别对待，实施措施的任何差异是由于欧盟无法客观证明其无 ASF 区域的现状和未来持续是非疫区。此外，俄罗斯决定在坚持其本国区域化的同时拒绝欧盟区域化的决定没有歧视性。俄罗斯还提供了依据第5.5条的证据，称其措施不构成对国际贸易的变相限制。

专家组认为，俄罗斯针对欧盟范围的禁令和禁止从爱沙尼亚、拉脱维亚、立陶宛和波兰进口争议产品的禁令不符合《SPS 协定》第2.3条。因为这些措施允许来自俄罗斯 ASF 非疫区的产品进行国内贸易，但不允许来自欧盟非疫区的产品进行贸易，构成了对在情形相同或相似成员之间的任意或不合理的歧视，也未按照国际标准承认欧盟的非疫区。

（八）俄罗斯措施是否符合 SPS 措施批准程序

欧盟指出，俄罗斯未能确保检查和执行 SPS 措施的程序没有不必要的延误，对进口产品的待遇低于国内同类产品，未遵守批准程序的义务，信息要求也超出必要范围，违反了《SPS 协定》。

俄罗斯反驳称，《SPS 协定》第 8 条和附件 C 不涵盖欧盟的要求和证据，欧盟未提供足够证据履行举证责任，无法确定俄罗斯违反了相关规定。对于欧盟范围内的禁令，欧盟未能证明俄罗斯的措施与《SPS 协定》不一致。对于对爱沙尼亚、拉脱维亚、立陶宛和波兰的进口措施，俄罗斯称，这些国家未提供足够的 ASF 控制措施信息，导致审查延误。

专家组认为，欧盟向俄罗斯提供的 ASF 非疫区信息说明了验证内容，但俄罗斯提出的信息要求超出了必要范围，违反了《SPS 协定》。此外，俄罗斯对未受 ASF 影响的欧盟成员国的信息要求过多且不合理，并未及时考虑欧盟的要求，造成不适当延迟，违反了《SPS 协定》。专家组最终认定，俄罗斯对欧盟关于承认 ASF 非疫区请求的审议流程不符合《SPS 协定》的规定。

四、评析与启示

欧盟起诉俄罗斯生猪和猪肉禁令案是 SPS 领域非常典型的案例，涉及了《SPS 协定》的国际协调、区域化、非歧视等核心原则及批准程序相关要求。该案无论对于准确理解《SPS 协定》相关原则要求，还是把握 WTO 争端中的起诉应诉策略技巧，均有启示意义。

（一）关于"协调原则"

为了降低 SPS 措施差异导致的国际贸易障碍，WTO 鼓励采用国际标准。对严于国际标准的措施，必须提供充分的科学依据。本案例涉及的由 OIE 制定并出版发行的《陆生法典》规定了 ASF 非疫区的认可条件和安全贸易条件。欧盟已提供足够的科学依据证明其符合 OIE 非疫区条件，但俄罗斯仍禁止符合 OIE 标准的产品进口，未能提供科学依据证明其高于国际标准的 ALOP，因此未履行"协调"义务。

本案例显示，"协调原则"虽然不强制采用国际标准，但措施严于国际标准时，需要措施指定方提供科学证据，基于客观评估结果。采取高于国际标准的 SPS 措施必须基于科学证据和严格的风险评估，否则容易受到质疑。采用 OIE、IPPC 和 CAC 等国际标准通常能满足安全保护要求，并可豁免多项《SPS 协定》义务，无须复杂的风险评估。对发展中成员，直接采用国际标准是可行有效的办法。

（二）关于"区域化原则"

为尽可能降低疫情对国际贸易的影响，《SPS 协定》要求各成员的 SPS 措施与其适用地区的动植物疫病疫情状况相适应，即"区域化"。

《SPS 协定》提出了三方面要求：各成员应认同非疫区和低度流行区理念；出口成员需证明其声称的非疫区或低度流行区；进口成员应确保措施与目标地区的疫情状况相适应。

在本案例中，尽管俄罗斯法规中有关于"区域化"的定义，但缺乏可操作化的规定，且未给予欧盟证明其非疫区的机会，因此被 DSB 认定其未实质性认同"区域化"概念。《SPS 协定》要求非疫区和低度流行区概念必须具有可操作化特点。在出口方举证和进口方评估方面，专家组认为欧盟提供的疫情信息、分布地图和实地考察邀请等证据已足以使俄罗斯确定其非疫区状况，但俄罗斯未评估调整禁令，违反了措施与地区卫生状况相适应的要求。

区域化原则要求出口方提供必要证据客观证明目标区域的非疫状态，进口方需按标准和程序评估并及时认可符合标准的非疫区。上诉机构指出，卫生与植物卫生特点的评估可以但不必须作为风险评估的一部分，即使出口方未提供客观证据，进口方的措施仍可能不符合"适应性"要求。因此，出口方提供证据与进口方措施适应性是不同的义务，进口方需持续适应性审查以确保措施的适应性。

（三）关于控制、检查和批准程序

SPS 领域的控制、检查和批准程序属于 SPS 措施范畴，因此需要符合《SPS 协定》规定的要求。基于此类措施的特殊性，《SPS 协定》特别规定了三方面的针对性要求：一是非歧视性要求，包括实施方式不得严于国内同类产品，信息保密要求不低于国内同类产品，支付费用应公平且不高于实际费用，设备设置和进口产品取样应使用与国内产品相同的标准等；二是时限性要求，包括公布每一道程序的标准处理时限、迅速审查申请文件、尽快传达程序结果、程序执行不应不合理延迟等；三是必要性要求，包括对信息和样品的要求仅限于合理和必要的限度。

在本案例中，俄罗斯要求无 ASF 的欧盟成员国提供监测和控制措施信息，并要求受 ASF 影响的成员国提供养猪业和国外猎人等详细信息。专家组认定这些要求过多且不合理，导致对欧盟提出的非疫区审议流程的不当延迟，违反了《SPS 协定》。因此，在实施控制、检查和批准程序时，要特别注意《SPS 协定》的三方面要求，避免违规。

（四）关于协定各原则间的关系

《SPS 协定》规定的各项要求既相对独立又彼此依赖。以协调原则为例，它要求 SPS 措施应基于国际标准，但允许在有充分科学证据的情况下采用高于国际标准的措施，而"充分科学证据"涉及《SPS 协定》另一重要原则——科学原则，需要通过风险评估证明措施具有充分科学依据；反过来，科学原则要求在风险评估时考虑国际组织指定的风险评估技术。因此，违反某项规则往往会导致多项规则不符合的问题。在本争端案中，俄罗斯的措施被认定不符合科学原则、区域化原则、非歧视性原则及《SPS 协定》对批准程序的要求，其根本原因在于措施不符合协调原则。

（五）关于在整段中对协定内涵的准确把握和适用

WTO 各项协定是争端解决的基本法律依据。在争端解决过程中，准确理解和适用相关协定非常重要。本案例中，俄罗斯未能准确理解《SPS 协定》第 6.1 条关于进口方措施与目标地区疫情状况持续适应的要求，固守入世时与欧盟签订的兽医卫生条件；在主张需要时间分析出口方证据时，错误引用第 6.3 条，并误解其与第 6.1 条的关系；在主张高 ALOP 时，仅列出措施而未提供科学理由。这些问题使俄罗斯在裁决过程中非常被动，导致不利结果。因此，准确把握和适用规则对于履行 WTO 义务和保障自身权利至关重要。

第三节 墨西哥诉美国金枪鱼案①

一、基本情况

该争端涉及美国采取的关于金枪鱼及其产品的进口、销售措施《美国保护海豚消费者信息法》（The U. S. Dolphin Protection Consumer Information Act，DPCIA），特别是该法规定的"海豚安全"标签措施，起因于一种捕捞金枪鱼的方法"海豚定位法"。与此类似，国际上美洲热带金枪鱼委员会（Inter American Tropical Tuna Commission，IATTC）于1999年制定实施了《国际海豚养护方案协定》（Agreement on the International Dolphin Conservation Program，AIDCP），如果缔约方捕捞金枪鱼的方法符合规定，可以使用"海豚安全"标签。美国和IATTC的措施都有效降低了东热带太平洋海域内海豚的伤亡率，但IATTC的标签要求关注对海豚的死亡率和严重伤害，而非是否使用袋装围网。

在东热带太平洋海域，金枪鱼和海豚之间通常存在关联，金枪鱼常在海豚下方游动。因此，很多墨西哥渔民利用这一特性，通过大型袋装围网定位海豚来捕捞金枪鱼，这往往会对海豚造成伤害。美国政府创设了海豚安全标签制度，根据金枪鱼捕获地点、使用工具和技术等决定能否授予标签。在东热带太平洋地区通过大型袋装围网捕捞的金枪鱼无法获得标签，而在其他海域捕捞的则可以。因此，墨西哥通过大型袋装围网捕捞的金枪鱼产品无法获得美国的海豚安全标签，影响了其出口。

---

① 本节引用自《农产品技术性贸易措施热点问题与案例研究》中的部分内容。

墨西哥认为美国的措施违反了《TBT 协定》，诉诸 WTO。专家组裁定美国的措施属于技术法规，但未违反《TBT 协定》第 2.1 条，认为其对墨西哥产品待遇不低于其他成员；该措施对国际贸易造成不必要障碍，违反第 2.2 条；AIDCP 属于国际标准但无法实现争端措施的目标，因此不违反第 2.4 条。美国与墨西哥均提出上诉。上诉机构推翻了关于未违反第 2.1 条的裁定，认为该措施改变了竞争环境，存在歧视；同时认为措施的贸易限制未超过实现目标所需限度，推翻了违反第 2.2 条的裁定；关于第 2.4 条，认为 AIDCP 不属于国际标准，争端措施不涉及第 2.4 条。

二、专家组及上诉机构的审查过程

（一）专家组组建和工作过程

2009 年 3 月 9 日，墨西哥请求根据 DSU 第 4 条和第 6 条、《GATT 1994》第 23 条和《TBT 协定》第 14 条设立专家组。为研判此次争端，WTO 争端解决机构（Dispute Settlement Body，DSB）成立了专家组和咨询专家组。专家组于 2011 年 5 月 5 日向双方发布了临时报告，于 2011 年 7 月 8 日向双方发布了最终报告。

（二）上诉机构的裁决过程

美国和墨西哥各自就专家组报告"美国关于金枪鱼和金枪鱼产品进口、市场和销售的措施"中的某些法律和法律解释问题提出上诉。随后，上诉机构按照程序做出了最终裁定。

三、专家组及上诉机构的审查要点与结论

（一）标准与技术法规的区分——关于"强制性"的判断标准

在本案例中，专家组利用"三层测试"认定争端措施属于技术法规：首先，文件必须适用于特定产品；其次，文件必须规定产品的一项或多项特性；最后，遵守这些特性是强制性的。美国对此上诉，指责专家组混淆了技术法规与标准的区别。

关于争端措施是否属于技术法规，专家组内部存在不同意见。墨西哥认为美国的措施违反了《TBT 协定》中的技术法规规定。专家组需要确定美国措施是否符合《TBT 协定》附件 1.1 中对技术法规的定义，进而适用于《TBT 协定》第 2 条的相关规定。专家组重点关注争端措施是否采用强制性方式规定条件，多数意见认为具有强制性，构成技术法规，少数意见认为不具有强制性，属于标准。

专家组多数意见认为美国的海豚安全标签措施具有强制性，理由包括：措施由美国政府发布并具有法律约束力；金枪鱼产品必须符合要求才能获得标签；标签具有排他性，只有具有该标签才能使消费者知悉产品符合海豚安全。少数意见则认为措施并未强制要求使用标签，进口商和分销商有选择权。少数意见还指出，墨西哥金枪鱼在美国销售受阻是销售商私人选择的结果，而非政府措施导致。多数意见认为措施由美国政府发布，必然与政府行为有关，零售商的决定无法改变这一事实。

（二）措施的来源：政府权力介入的考量

可以确定的是，无论是多数意见还是少数意见，都承认了政府行为的介入。多数意见认为争端措施体现了政府权力的整体介入、行使和执行，而少数意见认为只有当政府措施使某种产品无法进入进口国时，争端措施才具有强制性。争议的关键在于政府权力介入达到了何种效果才使措施具有强制性。多数意见认为，在审查某一措施是否为技术法规时，应在个案基础上综合考察，采取灵活的审查标准。少数意见则认为，只有政府权力介入到使相关产品无法进入市场的程度上，才具备强制性，这种标准更为硬性和固定。虽然多数意见没有明确的程度标准，但其灵活性增加了认定强制性的可能性，有效打击了隐蔽性强的监管保护主义，而少数意见的固化标准难以应对复杂贸易环境。尽管多数意见的标准具有模糊性，但其强调在个案基础上综合分析措施的完整运行，有助于准确判定措施的性质，避免生搬硬套。灵活弹性地审查反而更有利于准确判断争端措施是否属于技术法规。

（三）私人行为者因素不排除"强制性"的认定

墨西哥诉美国金枪鱼案不仅涉及美国的公共政策，还引发了私人行为者在国际贸易法中扮演的角色问题。少数意见认为，一项措施在事实上具备强制性需满足两层测试：第一，产品没有特定标签无法进入市场；第二，这种情况是由成员的行为导致，而非外在私人因素。若措施在事实上具有强制性却未被认定为技术法规，私人行为者可成为政府规避法律、制造贸易壁垒的手段。专家组少数意见认为美国进口商自主决定与政府措施无关，不构成强制性，这种观点不具说服力。私人监管行为的兴起是贸易壁垒的重要表现，而 WTO 规则主要规范成员之间的政府行为，私人主体选择不受 WTO 管理。

上诉机构在报告中认为，争端措施是否构成技术法规应根据案件具体情况和措施特点判断。上诉机构指出，海豚安全标签是美国国会指定，属于政府立法行为，并且美国没有提供区分技术法规和标准的依据，且禁止其他类型的海豚安全标签。因此，上诉机构未给予"私人因素"太多关注，而是从具体措施和实际情况考虑，私人因素通常不影响技术法规的判定。

（四）国际标准的解释

在本案例中，AIDCP 标准是否属于国际标准也是争议点之一。相对于美国海豚安全标签措施，AIDCP 标准有利于墨西哥金枪鱼产品向美国出口。若该标准为国际标准，按照《TBT 协定》第 2.4 条规定，美国应适用 AIDCP 标准。然而，专家组和上诉机构对这一问题的结论相反，因为《TBT 协定》未定义国际标准，各方理解不同。国际标准的定义应结合 ISO 和《TBT 协定》的相关规则及其他判例明确。

专家组指出，国际标准应由国际标准化组织制定并向公众开放。国际标准化组织应有独立章程和管理体系，成员资格向所有相关主体开放。而上诉机构认为，国际标准化机构需具备标准化活动，成员资格应该向相关的所有成员主体开放。

墨西哥认为 AIDCP 标准是国际标准，因为其经成员协商和批准，且成员资格向所有 WTO 成员开放。美国反驳称，AIDCP 是国际条约，成员资格未向所有 WTO 成员开放，不应被视为国际标准。上诉机构认为，国际标准需遵循透明、开放、公平、共识、有效、相关和一致的原则，墨西哥无法证明 WTO 成员可以自由加入 AIDCP，因此其标准不能被视为《TBT 协定》下的国际标准。

此外，国际标准的有效性和适当性问题突出。在美国原产地标签案和本案中，有关国际标准的有效性和合法性证明是成功抗辩的关键。这一问题对我国相关规则的制定具有重要研究意义。

（五）必要性检验

在本案例中，专家组认为美国的海豚安全标签措施不符合《TBT 协定》第 2.2 条的要求，因其对贸易的限制超过了必要程度。美国的标签措施有两个目的：防止消费者误导和保护海豚。专家组认定这两个目的符合《TBT 协定》第 2.2 条的"防止欺诈行为"和"保护动物或植物的生命或健康及保护环境"。

专家组认为，如果在贸易限制措施中存在比争议中的美国措施更小的替代措施，美国措施就不符合必要性测试。专家组发现墨西哥提出的 AIDCP 措施可以实现美国的两个合法目的，并且对贸易限制较小。因此，专家组认定美国的措施违反了《TBT 协定》第 2.2 条的必要性测试。

美国上诉认为 AIDCP 措施无法替代其标签措施，指出 AIDCP 只能保护一定地域范围内的海豚，并且两种标准的相似性会混淆消费者。上诉机构认为，虽然《TBT 协定》允许一定程度的贸易限制，但禁止不必要的限制。上诉机构认为墨西哥所提供的可替代措施在实现美国的政策目标方面，效果弱于争端措施，因此美国的措施符合《TBT 协定》第2.2 条。

要证明技术法规造成不必要的贸易限制，申诉方需同时证明该措施具有不必要的"贸易限制性"、不具有"正当目标"、不能实现"正当目标"以及超过了"必要"的限度。对"贸易限制性"的审查不以贸易量为依据，而是基于对自由贸易竞争的影响。正当目标只需"做出贡献"即可被解读为实现。替代措施必须具体且可操作性强，并且在实现正当目标方面的贡献需与争议措施相当，否则争议措施不算超出必要限度。

四、评析与启示

（一）"合法目的"抗辩

在本案例中，美国提出"确保消费者对金枪鱼产品中的金枪鱼是不是在对海豚产生不良影响的方式下捕获的判断上不会被误导和欺骗"这一具体合法目的。由于这一目的详细且具体，难以有相关国际标准满足这一具体的合法目的，美国得以成功抗辩。因此，制定标准措施前需确认是否有相关国际标准；若无完全相符的国际标准，则应尽可能具体和详细。

在必要性测试方面，上诉机构强调了不同措施对合法目的的满足"程度"，需要从空间、时间、政治等角度考察措施对合法目的的贡献程度。被申诉方应详细分析申诉方提出的替代性措施，提出自己的合法目的，对比替代性措施与本国措施的差异，收集相关证据指出替代措施的过错，从而质疑其影响合法目的的实现。

即使某国际标准可以满足争端措施的合法目的，但在必要性测试上，特定国际标准与争端措施对合法目的的贡献程度可能存在不同。这是本案例上诉机构对技术法规必要性测试的有益贡献，也为我国在国际贸易中应对此类问题提供了启示。

（二）"事实上的强制性"抗辩

《TBT协定》附件1.2中定义标准为自愿性，技术法规为强制性。自愿性与强制性是区分标准与技术法规的直接依据。即使政府措施在规则层面上是自愿性，仍需分析其在实施层面上是否构成强制性。如果在事实层面上产生了强制效果，该措施就满足技术法规的要求，适用技术法规的相关规定。因此，我国应吸取WTO案例经验，若某措施在文本上自愿但在实施上产生强制效果，也容易被认定为技术法规，从而适用《TBT协定》第2条的相关规定。

（三）认定技术法规"强制性"的裁判趋势

理论和实务中的争议使得技术法规与标准的界定成为棘手难题，其中强制性要素的判定尤为复杂。墨西哥诉美国金枪鱼案深入探讨了这一焦点问题，专家组内部的不同意见进一步证实了这种复杂性。

综合裁判结论来看，WTO倾向于放松对强制性判断标准的限制，扩大技术法规的认定范围。这种思路应予肯定，因为扩大解释将更多成员措施纳入《TBT协定》技术法规的规范范围，有助于阻止成员利用国内措施规避法律和制造贸易壁垒。基于《TBT协定》对技术法规的严格义务，这种趋势也将加强成员贸易措施的透明度，促进自由贸易和公平竞争。因此，专家组多数意见的认定更符合WTO的目的和宗旨，对发展中成员尤为有利。

第四节 美国鲶鱼法案应对案例分析[①]

一、中国斑点叉尾鮰产业的生产和贸易情况

斑点叉尾鮰（Ictalurus Punctatus），属于鲶形目鱼类，原产北美，以其优质肉质和高蛋白含量受到国外市场欢迎。中国自1984年引进斑点叉尾鮰，经过30年发展，形成了从苗种繁育、养殖、加工到出口的完整产业链，成为全球主要养殖国之一。自2006年起，因美国贸易壁垒限制，国内斑点叉尾鮰产业经历跌宕起伏的发展历程。

1984年，湖北省水产科学研究所引进斑点叉尾鮰鱼苗，1987年成功人工繁殖，适合在国内大部分地区养殖。20世纪90年代初，鮰鱼8305种苗生产技术突破，养殖业逐步发展并实现商业化，市场规模扩大。2003年美国对越南鮰鱼产品反倾销，中国鮰鱼出口美国大幅增长，2006年达1.2万吨。2007年起，受美国食品和药品管理局（FDA）自动扣留措施影响，对美出口大幅减少，2008年部分恢复，2009年出口1.66万吨。2010~2011年养殖产量和出口量下降，但产业回暖。2012~2013年产业形势下滑，2014年因美国鲶鱼强制检验法规影响，产量和出口回升有限。

二、美国对鲶鱼及鲶鱼产品实施强制性检验措施法案的案例详情

（一）背景和深层次动因分析

中国和美国是全球主要的鮰鱼养殖国家，鮰鱼是美国主要的淡水养

---

① 本节引用自《中国农产品技术性贸易措施规则与应对》中的部分内容。

殖鱼类，年产量约 30 万吨，占其淡水养殖总量的 80% 以上。美国鮰鱼主要供本土消费，而中国的鮰鱼兼具国内消费和出口，出口集中在美国。2013 年，美国消费的鲶鱼（包括鮰鱼）超过 3.05 亿磅，其中 78% 为进口，显示出美国对进口鮰鱼的高度依赖。

2007 年，美国发展生物能源，部分鮰鱼养殖户转行，导致鮰鱼减产近 1/3，给中国等主要鮰鱼生产国提供了出口机会。然而，美国食品和药品管理局（FDA）以质量问题为由，对中国水产品实施自动扣留，严重限制了中国鮰鱼的出口。2008 年，美国农业法案启动了鲶鱼强制性检验法案，由美国农业部食品安全检验局（FSIS）负责实施。此后，中国对美国鮰鱼出口量大幅下滑，2012 年降至 0.33 万吨。

美国农业部负责肉类、禽类和蛋制品的食品安全监管，而水产品由 FDA 监管。美国农业部的进口检验程序要求"连续性检测"和"外国鲶鱼必须通过等同于美国农业部监管的检测程序"。建立新的检测程序需 3~5 年，这期间外国鲶鱼难以进入美国市场，相当于设置了贸易壁垒。法规发起者明确表示，该检测程序旨在抵制外国鮰鱼竞争，保护本土生产商利益。

（二）事件的经过

2008 年 6 月 18 日，美国国会通过了《2008 年食品、环境保护和能源法案》（2008 年农场法案），其中的《联邦肉类检验法案修正案》将鲶鱼及其产品纳入肉类监管体系，鲶鱼检验权从 FDA 转移到美国农业部食品安全检验局（FSIS）。美国给出两种"鲶鱼"定义：一种是北美科的鲶形目鱼类；另一种是所有鲶形目鱼类。中国主要出口品种斑点叉尾鮰被纳入"鲶鱼"范畴。

2011 年 2 月 24 日，美国政府在《联邦公报》上发布 FSIS 建议规则，提出对鲶鱼及其产品实施强制性检验，并于 2011 年 3 月 7 日向 WTO 通报。2012 年 6 月，美国参议院废除了该强制检验提案。

2014 年 2 月 8 日，美国总统奥巴马签署了 2014~2018 年新农场法案，再次提出变更鲶鱼管理机构的提案，将检验范围扩展至所有鲶形目鱼类。法案要求 FDA 和 FSIS 签订备忘录，明确 FSIS 的管辖权。

2015 年 12 月 3 日，美国向 WTO 通报了 FSIS 关于强制检验鲶形目鱼类及其制品的法规，纳入《联邦肉类检查法》（FMIA）进行"等同监测体系"评估。

（三）　国内的反应和应对措施

随着 2008 年鲶鱼监管体系变更的提案提出，中国国内就开始关注并着手开展应对美国鲶鱼强制性检验法规的工作。应对的主要措施如下：

1. 通过技术性贸易措施通报评议渠道反馈意见

2011 年，中国接到美国关于鲶鱼和鲶鱼产品实施强制性检验法规的通报后，农业部门和科研单位迅速启动研究和评议，针对法规草案中违反 WTO《SPS 协定》条款进行了深度分析，并通过官方渠道正式反馈美国。中国的意见主要集中在以下几个方面：

一方面，从整体来看，该法规将鲶鱼产品纳入《联邦肉类检验检疫法》适用范围，缺乏充分理由，具有贸易保护倾向。法规草案未基于风险分析，违反了《SPS 协定》第 5 条。鲶鱼与畜禽产品在生物学特性、养殖、加工和检验方法上不同，美国和 OIE 已有针对水产品的单独标准。没有证据显示鲶鱼风险高于其他水产品，将其纳入肉类检验法不符合科学常理和公平贸易原则。

另一方面，从内容来看，许多具体要求违反《SPS 协定》。包括：缺乏科学理由和风险评估基础的水质标准；仅接受 DNA 条形码技术作为物种鉴定方法，排除其他技术，违反等效性原则；不接受其他国家的等效管理措施；仅检验鲶鱼肠道败血症（ESC），忽视其他疫病；HACCP 体系有效，设立沙门氏菌检测项目缺乏充分理由；90 天过渡期太短，未考虑发展中国家的特殊要求，违反《SPS 协定》第 10 条。综上所述，中国认为该法规贸易保护倾向明显，应予修订以符合公平贸易原则。

2. 通过 WTO/SPS 例会和双边磋商途径对美提出贸易关注

2009~2015 年，中国在世界贸易组织卫生与植物卫生措施委员会（SPS 委员会）例会上，多次对美国的鲶鱼措施提出重点关注，充分行使了 WTO 成员的权利：

第一，WTO/SPS 委员会第 46 次例会。2009 年 10 月，中国首次在 SPS 例会上对美国修改鲶鱼管理体制表示关注，认为该举措可能对正常的鲶鱼贸易产生消极影响，并要求美国解释原因。

第二，WTO/SPS 委员会第 55 次和第 61 次例会：尽管多方反对，USDA 未放弃鲶鱼检验。2011 年 3 月，美国通报了强制性检验法规。中国在 2012 年 10 月的例会上再次表达关注，并在 2014 年 10 月的第 61 次例会上强调该法规对国际贸易造成障碍，而非保障食品安全。

第三，WTO/SPS 委员会第 63 次和第 64 次例会：2014 年 2 月，美国总统签署新农场法案，标志着鲶鱼检测法案实施。中国在第 63 次例会上指出该法规违反《SPS 协定》第 5.1 条和第 5.5 条，并在第 64 次例会上督促美国取消变更监管机构的决定。

第四，WTO/SPS 委员会第 65 次例会：2015 年 12 月，美国正式发布鲶鱼强制性监管措施。中国在 2016 年 3 月的第 65 次例会上联合越南、泰国提出贸易关注，明确指出该措施违反《SPS 协定》第 2.1 条、第 2.2 条、第 2.3 条及第 5.1 条、第 5.5 条、第 5.6 条。

3. 商、协会出面联合美方积极游说

此外，中国通过与美国渔业协会合作，从立法层面渗透，以保护鲴鱼出口产业利益。国内鲴鱼产业通过商会与协会，与美方保持密切沟通，争取第一手消息。美方专家在了解和分析鲶鱼法案动态后，为中国提供了大量磋商与决策建议。

2015 年 6 月，美国相关代表访华，介绍了鲶鱼法案的进展和可能影响，并寻求合作。他们请求中国政府在中美高层对话，如中美战略与经济对话（US-China Strategic and Economic Dialogue）和中美商贸联委会（JCCT）中传达中国对鲶鱼法案的意见，以引起美国高层部门如美国贸易代表（USTR）的重视，从而推动撤销鲶鱼法案。

（四）事件的结果

美国国会 2008 年通过的农场法案按程序于 2012 年到期，因中国等鲶鱼出口国的强烈反对和会内部意见分歧，法案未获通过。2012 年 6 月，美国参议院废除了关于鲶鱼强制检验的提案，USDA 的检验项目办公室也未能建立。

2014 年 2 月，美国总统签署 2014~2018 年新农场法案，重新提出鲶鱼强制检验法案，并扩大至所有鲶形目鱼类。2014 年 5 月，FSIS 将最终法案草案递交 OMB 审核，但未获决定。2015 年 11 月 25 日，FSIS 突然公布最终草案，规定出口国需在 18 个月内申请等效性请求，否则将被拒绝出口鲶形目鱼类。

最终法案公布后，中国、越南等国加大了对美方压力，通过 WTO 和高层会谈施压。迫于压力，2016 年 5 月 25 日，美国参议院以 53 票赞成、43 票反对通过了废除 USDA 鲶形目鱼类强制检验计划的提案。

三、对于应对的深入分析和总结

鲶鱼（包括鮰鱼）与畜禽产品在生物学特性、养殖、加工方式等方面不同，其检验程序和标准也不同。美国农业部套用监管动物肉的方式来监管鲶形目鱼类违背科学常理。美国政府问责办公室 2012 年报告称，鲶鱼的食用风险被高估。在过去 10 年里，美国进口鲶鱼市场份额从 2%升至 25%，但食源性疾病未增加，仅 1 例沙门氏菌事件疑似与鲶鱼有关。USDA 的风险评估报告也显示，食用鲶鱼致病人数可忽略不计。没有科学证据表明鲶鱼具有独特危险性，将其从其他水产品中单独挑出进行监管违反 WTO 条例。

由于国内外反对，特别是中方多次在不同级别会议上提出反对意见，美国关于鲶鱼预算拨款决定多次被推迟。美国国会部分议员和美国贸易代表重视中方态度，反对鲶鱼检测的转移。

第五节　基于美国、加拿大、阿根廷—欧盟关于转基因农产品贸易争端的分析[①]

一、争端的背景

（一）美国、加拿大、阿根廷转基因农产品的生产和贸易

2023 年，全球转基因作物种植面积达 2.063 亿公顷（30.9 亿亩），是 1996 年（170 万公顷）的 118 倍。目前，在全球主要农作物中，72.4%的大豆、34.0%的玉米和 76.0%的棉花都是转基因品种。转基因农产品应用国从 1996 年的 6 个迅速增加到现在的 29 个，加上批准进口转基因农产品的国家，全球有 71 个国家和地区在商业化应用转基因作物。转基因作物种类也在增加，全球批准商业化种植的转基因作物已达 32 种。在贸易方面，1995 年全球转基因农产品的贸易量仅为 7500 万美元，到 2023 年已增至 223 亿美元，增长了 296 倍。

美国、加拿大和阿根廷是大豆、玉米、棉花和油菜等转基因作物的主要生产和贸易国。根据国际农业生物技术应用推广协会（ISAAA）的统计，自 1993 年转基因作物开始商业化种植以来，美国一直是全球最大

---

① 本节引用自《中国农产品贸易与 SPS 措施：贸易模式、影响程度及应对策略分析》中的部分内容。

转基因作物种植国。目前，阿根廷和加拿大分别位列第三和第五。这三个国家的转基因农产品生产面积约占全球总面积的53%。2023年，美国的转基因作物种植面积达7440万公顷（11.160亿亩），占全球总种植面积的36.1%，超过美国耕地总面积的40%。美国已批准了22种转基因作物的商业化种植。据美国农业部国家农业统计局（NASS）的数据，转基因玉米、大豆和棉花的普及率分别为93%、95%和97%，油菜和甜菜的普及率几乎达100%。转基因技术是美国在农业领域占据领先地位的重要手段。

（二）欧盟对转基因农产品的控制较为严格

欧盟是美国农产品的第四大出口市场。2023年，美国对欧盟的农产品出口额达150亿美元。玉米、大豆和棉花等转基因农产品对美国农业收入至关重要，因此美国等国希望将这些产品打入国际市场，并反对任何限制措施。

然而，出于食品安全、文化背景和饮食习惯等考虑，欧盟对转基因农产品实施了严格管制。1990年，欧盟颁布指令规范转基因有机体的环境释放；1997年，要求含转基因成分的产品贴标签；1998年，暂停批准新转基因食品，并禁止其生产和销售；2001年，欧盟环境部部长同意维持禁令；2002年要求含1%以上转基因成分的产品必须获得许可并贴标签。

（三）欧美在转基因农产品上的分歧由来已久

20世纪80年代中期，转基因农产品刚出现时，欧美等国对其潜在收益和风险高度关注。美国积极推广转基因技术，采用"产品方法"评估风险，仅在终端产品与传统产品有实质性差别时加以控制。欧盟因"疯牛病"等公共卫生事件，对食品安全更加警惕，采用"过程方法"评估生物技术应用，认为应采取审慎的风险预防原则，从20世纪90年代初开始严格控制转基因技术及其产品。

欧盟对转基因农产品的严格管制对美国造成了巨大损失。1997年前，美国对欧盟的玉米出口额达 3 亿美元，占其玉米出口总额的 4%。但自 1997 年起，因混入转基因玉米，美国大多数玉米无法出口欧盟，2004 年出口份额降至不足 0.1%。美国大豆对欧盟的出口也从 1995 年的 981 万吨骤降至 2002 年的 551 万吨。加拿大和阿根廷等国也受到了类似影响。某些国际团体如绿色和平组织，利用消费者对食品安全的关注，加剧了对转基因食品的疑虑，使公众接受度降低。一些非洲国家也因此拒绝美国的粮食援助。

在此背景下，2003 年 8 月，美国、加拿大和阿根廷以欧盟违反 WTO 协定为由，向 WTO 提起诉讼。欧盟辩称，其措施符合 WTO 规则，旨在维护环境安全和尊重消费者知情权，认为美国的指控在法律、经济和政治上均无依据。

二、争论的焦点

（一）事实上的普遍暂停

自 1998 年 10 月起，欧盟暂停了转基因农产品的审批程序。美国等国认为，欧盟的暂停措施虽然不是正式法规，但实际导致所有申请的审批被中止，违反了《SPS 协议》。欧盟认为，应参考 1992 年《生物多样性公约》和 2000 年《卡塔赫纳生物安全议定书》来理解和应用 WTO 协定，这些国际法规与 WTO 协定相辅相成。美国不承认《卡塔赫纳生物安全议定书》为国际法规，因其未批准该议定书，认为其不适用于美欧争端。

（二）特定产品市场禁令

特定产品措施是指欧盟对某些转基因产品的审批存在延迟。美国等国认为，欧盟成员国暂停了 40 项特定产品申请中的 28 项（根据《转基因生物有意环境释放》法规）和 12 项（根据《新食品和新食品成分》法规），这与全面暂停措施既独立又关联。特定产品市场禁令是全面暂停应用于个别申请的结果，违反了《SPS 协议》《GATT（1994）》《技术性贸易壁垒协定》的相关条款。欧盟认为，这些措施针对具体产品，尚未进行最终安全审批。

（三）成员国国内保障措施

尽管欧盟已批准转基因油菜籽和玉米产品，但部分成员国根据预防性原则对这些产品实施了进口、上市或销售禁令。争论的核心在于预防性原则的法律地位。

美国等国认为，欧盟成员国对已批准的 6 种转基因油菜籽和玉米品种实施的 9 项禁令，违反了《SPS 协议》中关于风险评估和科学原则的规定，构成了对国际贸易的变相限制，违反了《SPS 协议》《GATT（1944）》《TBT 协议》的相关条款。欧盟认为，这些措施基于预防性原则，是合理且正当的，因为转基因生物对人体健康和环境存在潜在威胁。

美国坚持认为，预防性原则缺乏明确内容，不能作为国际法准则。加拿大和阿根廷也指出，WTO 争端解决机构在"欧盟荷尔蒙案"中已明确，预防性原则不能为违反《SPS 协议》的措施辩护。欧盟认为预防性原则已经成为成熟的国际法准则，合理且必要。

美国认为预防性原则不具备成为国际一般原则的条件：第一，它没有明确内容，无法为各国行为提供权威指导；第二，它未能反映各国实践，因其定义模糊，缺乏统一界定；第三，它不能作为一项法律法规要求各国遵守，不能凌驾于《SPS 协议》之上。加拿大和阿根廷支持这一观点，认为预防性原则不能作为违反《SPS 协议》的辩护理由。

因此，尽管预防性原则在国际法上得到了一定认可，但在转基因产品的贸易限制上，其法律地位仍存在争议。

三、争端的裁定

（一）关于事实上的普遍暂停

专家组的裁决如下：首先，欧盟于 1999 年 6 月至 2003 年 8 月对转基因产品的审批实施了事实上的暂停。其次，欧盟的暂停行为违反了《SPS协议》附件C第（1）（a）条第1款中关于"审批程序不应受到不适当的延迟"的规定，进而违反了《SPS协议》第8条关于"控制、检查和批准程序"的规定。然而，暂停措施并未违反《SPS协议》附件B第5.1条、第5.5条、第2.2条和第7条的义务，且原告方未能提供足够证据证明欧盟违反了附件C第（1）（b）条和第2.2条、第2.3条及第10.1条的义务。

根据《争端解决规则与程序的谅解》（DSU）第3.8条，若违反协定义务，则视为利益丧失或减损案件。欧盟未能反驳这一推定，其暂停措施被认为损害了美国、加拿大及阿根廷在《SPS协议》下的利益。因此，专家组建议欧盟在暂停措施未终止时，将其调整至符合《SPS协议》的义务。

（二）关于特定产品市场禁令

专家组通过审理原告提出的27项转基因产品申请，发现其中24项在审批过程中存在"不当延迟"，并做出了如下裁决：

首先，欧盟对特定产品审批程序的暂停违反了《SPS协议》附件C（1）（a）条款第1款和第8条的规定。然而，由于证据不足，不能证明欧盟在其他特定产品审批程序上违反了《SPS协议》相关条款。其次，原告未能证明欧盟违反《SPS协议》附件C（1）（a）条第2款和第8条、附件C（1）（b）~（e）条和第8条、第2.2条、第2.3条；以及《SPS协议》附件B（1）、第7条、第5.1条、第5.5条和第5.6条。再次，不能裁定加拿大和阿根廷根据GATT（1994）第Ⅲ：4条和《TBT协议》第5.1.2条、第5.2.1条、第2.1条和第2.2条对特定产品措施的诉讼请求。最后，根据DSU第3.8条，专家组建议欧盟修改特定产品措施以符合《SPS协议》下的相关义务，但对已撤回的特定产品除外。

（三）关于成员国国内保障措施

专家组对6个欧盟成员国采取的9项保障措施做出裁决：首先，这些措施未按照《SPS协议》第5.1条进行风险评估，不符合第5.7条要求，欧盟维持这些措施违反了第5.1条的义务。其次，成员国持续的保障措施违反了《SPS协议》第5.1条，欧盟因此牵连，违反了第2.2条第2款和第3款的规定。再次，专家组未能裁定以下诉讼请求：加拿大和阿根廷根据《SPS协议》第2.2条第1款、第2.3条、第5.5条和第5.6条的诉讼；阿根廷根据《TBT协议》第2.1条、第2.2条和第2.9条的诉讼；加拿大和阿根廷根据GATT（1944）第Ⅲ：4条的诉讼。最后，专家组建议依据DSU第3.8条，欧盟应修改成员国的保障措施，使其符合《SPS协议》的义务。

四、裁决的执行

专家组裁定欧盟事实上的暂停措施导致审批程序的"不当延迟"，违反了WTO的相关协议，这在一定程度上表明本案的胜诉方为原告，即美国、加拿大和阿根廷。在2006年12月19日争端解决机构的会议上，欧盟委员会表示将按照WTO规定的义务执行专家组的裁定。但考虑到问题的复杂性和敏感性，欧盟委员会需要一个合理的过渡期才能执行。根据DSU第21.3条（b）款，欧盟委员会与阿根廷、加拿大及美国就过渡期协商的结果是12个月，即专家组的裁定必须在2007年11月21日前加以实施。但在2007年11月21日，争端各方又告知争端解决机构，他们已将过渡期推迟到2008年1月11日。

就加拿大与欧盟之间的争端（WT/DS292），双方一再修改裁决执行的过渡期，从2008年1月11日推迟到2008年2月11日，之后又延迟到2008年6月30日。

就阿根廷与欧盟之间的争端（WT/DS293），双方也将执行专家组才觉得过渡期从 2008 年 1 月 11 日推迟到 2008 年 6 月 11 日。

就美国与欧盟之间的争端（WT/DS291），2008 年 1 月 14 日双方通知争端解决机构，已根据 DSU 下第 21 条和第 22 条，就专家组裁定延迟执行的问题交由仲裁机构定夺。

五、对中国的启示

（一）利用发展中国家的基本定位，积极寻求特殊和差别待遇

作为本争端的原告之一，阿根廷是全球最大的转基因农产品生产发展中国家，提出欧盟暂停转基因农产品上市许可应考虑其根据《SPS 协议》第 10 条第 1 款所享有的特殊和差别待遇。WTO 框架内的《SPS 协议》《TBT 协议》《GATT（1944）》都考虑到发展中国家的特殊需求，赋予其特殊待遇的权利。但专家组认为，阿根廷未提供足够证据表明其曾向欧盟寻求特殊待遇，因而未支持其主张。然而，专家组和欧盟并未否认发展中国家在国际转基因农产品贸易中享有特殊待遇的可能性。因此，中国作为最大的发展中国家，有权根据《SPS 协议》第 10 条第 1 款，与发达国家沟通，积极寻求证据，争取自身利益。

（二）作为转基因农产品进口大国，需高度重视风险评估

由前文分析可知，本争端针对的是欧盟的临时暂停措施，而非审批程序，旨在解决审批程序中的不当延迟。因此，专家组的裁决并未实质性影响欧盟的转基因产品安全管理立法。对中国的启示是：在依据《SPS 协议》采取限制转基因产品进口措施时，必须重视风险评估，并确保所采用的评估标准和技术得到国际认可。作为农产品进口大国，中国需防止农业病虫害及有害农产品进入，这不仅关系生态环境和食品安全，更涉及农业安全。因此，中国应建立健全的风险评估体系，有权要求出口商提供资料，并组织专家进行重新评估，可以推翻出口方的结果；也可以提出严格条件，使评估结果难以通过或延长评估时间。科学依据、信

息灵通和及时措施是保护国家利益的关键。

（三）作为潜在的转基因农产品出口大国，需做好应对未来贸易摩擦的准备

近年来，中国在转基因农产品的研发和生产方面取得了显著进展，但贸易摩擦也逐渐显现。作为潜在的转基因农产品出口大国，中国需做好应对准备：一方面，实行严格的上市许可制度，对产品的健康和环境风险进行科学评估，并结合政治、经济和文化因素评估其贸易影响。另一方面，建立完整的质量管理和控制标准体系，跟踪研究主要进口国的转基因立法和标准，以减少贸易摩擦，并在摩擦发生后能迅速应对。

第六节　新西兰诉澳大利亚苹果限制措施案①

一、基本情况

1921 年，澳大利亚因奥克兰出现火疫病，禁止了新西兰苹果的进口。新西兰在 1986 年、1989 年和 1995 年三次申请进入澳大利亚市场，但均遭拒绝。1999 年 1 月，新西兰再次提交申请，澳大利亚检验检疫局（AQIS）遂发起进口风险分析，评估新西兰苹果可能带来的风险，尤其是火疫病、欧洲溃疡病和苹果卷叶蛾（ALCM）三种检疫性有害生物的风险。

2006 年 11 月，澳大利亚生物安全部门发布了《新西兰苹果进口风险分析最终报告》（IRA）（以下简称《报告》）。《报告》要求新西兰制定

---

① 本节引用自《农产品技术性贸易措施热点问题与案例研究》中的部分内容。

标准操作程序（SOP），详细说明应对每种检疫性有害生物的操作步骤及责任分工。SOP 需在出口前获得 AQIS 批准并接受审核，但双方未能就 SOP 达成一致。

2007 年 8 月 31 日，新西兰依据《GATT 1994》第 22 条，要求与澳大利亚进行磋商。磋商于 2007 年 10 月 4 日在日内瓦举行，但未能达成一致。2007 年 12 月 16 日，新西兰诉诸 WTO（DS 367），认为澳大利亚的进口禁令和"风险管理措施"不符合《SPS 协定》相关规定，要求启动争端解决机制。本案涉及的 17 项争议措施中，8 项针对火疫病、5 项针对欧洲溃疡病、1 项针对 ALCM、3 项为一般措施。双方随后对 12 项措施达成一致，同意将其排除在专家组审查范围之外。

2010 年 8 月 9 日，专家组发布最终报告，结论如下：第一，澳大利亚质疑专家组挑选和咨询科学专家程序的指控无证据支持；第二，争议中的 16 项措施属于《SPS 协定》附件 A（1）中所指的 SPS 措施；第三，澳大利亚的进口风险评估及各项风险管理措施未充分考虑科学证据、生产方式、病虫害特点及环境条件，未能充分证明病虫害传染的可能性，违反了《SPS 协定》第 5.1 条和第 5.2 条及第 2.2 条；第四，新西兰未能证明澳大利亚进口苹果与日本进口梨的保护水平存在"任意且不公正"的差别，未能证明违反《SPS 协定》第 5.5 条和第 2.3 条；第五，澳大利亚有关火疫病、欧洲溃疡病和 ALCM 的措施不符合《SPS 协定》第 5.6 条，但新西兰未能证明"一般措施"不符合第 5.6 条；第六，新西兰提出的"IRA 流程存在不当延误"的争议不在专家组授权范围内。

澳大利亚提出上诉，认为专家组对第 2 项、第 3 项、第 5 项审查结论的法律解释有误，且其行为不符合 DSU 第 11 条规定。新西兰对第 6 项审查结论提出上诉。

2010 年 12 月 17 日，WTO 上诉机构发布仲裁报告：第一，支持专家组关于 16 项措施均属《SPS 协定》附件 A（1）所指 SPS 措施的结论；

第二，支持专家组对澳大利亚火疫病和 ALCM 措施及一般措施不符合《SPS 协定》第 5.1 条、第 5.2 条和第 2.2 条的结论；第三，裁定澳大利亚未能证明专家组行为不符合 DSU 第 11 条；第四，推翻专家组对澳大利亚火疫病和 ALCM 措施不符合《SPS 协定》第 5.6 条的结论，但未能对新西兰提出的替代措施完成法律分析；第五，推翻专家组对新西兰质疑"IRA 流程存在不当延误"的结论，但认定新西兰未能证明通过 16 项措施的 IRA 流程存在不当延误。

二、专家组及上诉机构的审查过程

（一）专家组组建过程

2008 年 3 月 3 日，新西兰请求 WTO 总干事依据 DSU 第 8 条第 7 款确定专家组成员。2008 年 3 月 12 日，总干事组建了专家组，包括一名主席和两名成员。智利、欧盟、日本、巴基斯坦和美国等成员保留了作为第三方参加专家组程序的权利。

（二）专家组工作过程

2008 年 3 月 14 日，专家组向相关方分发了两套工作程序和时间表方案征求意见。第一套方案中，专家组计划咨询科学专家，第二套方案则不准备咨询科学专家。2008 年 3 月 19 日，专家组举行了第一次会议，征求澳新双方对拟议的工作程序和时间表的意见，最终采纳了第一套方案。由于案情复杂，且确定专家名单和咨询专家过程需要时间，专家组多次修订时间表，延迟澳新双方提交第一份书面意见和第三方提交意见的最后期限，并两次推迟发布最终报告的时间。

新西兰和澳大利亚分别于 2008 年 6 月 20 日和 7 月 18 日提交了第一份书面材料，欧盟于 7 月 31 日提交了第三方意见，智利、日本和美国等成员于 8 月 1 日提交了第三方意见。收到各方意见后，专家组于 2008 年 9 月 2~3 日与澳新双方举行了第一次实质性会议，并于 2008 年 9 月 3 日与第三方举行了会议。2008 年 12 月 19 日，新西兰和澳大利亚联合向专家组致函，表示已就 17 项措施中的第 12 项措施达成一致，专家组不再就该项措施进行研判。

关于咨询科学专家，2008 年 9 月 11 日，澳大利亚和新西兰均表示，如果专家组咨询科学专家，应咨询单独的相关专业领域专家，而不是一个"专家组"。根据意见，专家组提出了三批科学专家名单，这些专家来自国际植物保护公约（IPPC）秘书处、国际双翅昆虫学大会理事会（CICD），以及澳大利亚和新西兰提议的专家。2008 年 12 月 15 日，专家组根据专家本人及澳新双方意见，并考虑利益冲突等因素，选定了 7 名专家，分别来自火疫病、欧洲溃疡病、苹果瘿蚊和有害生物风险评估领域。

根据双方意见，专家组于 2009 年 1 月 16 日向科学家发送了 142 个书面问题。2009 年 3 月 9 日，专家组收到科学专家的书面答复，并于次日转发给澳新双方征求意见。3 月 25 日，澳新双方发表了对科学专家答复的评论。4 月 9 日，双方对彼此的评论发表了意见。4 月 21 日，双方提交了书面反驳意见。

专家组于 2009 年 6 月 30 日与科学专家会晤，这次会议为专家组和澳新双方提供了向科学专家提问的机会，科学专家澄清了他们早先书面答复中的观点。专家组于 2009 年 7 月 1~2 日举行了与澳新双方的第二次实质性会议。专家组与科学家的会议及第二次实质性会议均通过闭路电视向公众开放。2009 年 7 月，专家组与各相关方就有关问题进行了沟通。报告草稿的描述性部分于 2009 年 10 月 2 日发送给澳新双方。2010 年 3 月 31 日，专家组向澳新发布了中期报告。4 月 22 日，双方就彼此的评论提交了书面意见，但均未要求举行中期审查会议。2010 年 8 月 9 日，专家组发布了最终公告。

（三）上诉机构的裁决过程

2010 年 8 月 31 日，澳大利亚通知 DSB 将上诉，并于 9 月 7 日提交上诉书面陈述。9 月 13 日，新西兰通知 DSB 将提起其他上诉，并于 9 月 15 日提交上诉书面陈述。9 月 27 日，澳大利亚和新西兰分别提交被上诉方书面陈述，同日，欧盟、日本和美国各提交了第三方陈述。随后，智利和巴基斯坦分别通知 DSB 打算作为第三方出席听证会。

本上诉的口头审理于 2010 年 10 月 11 日和 12 日举行，参与方和第三参与方（智利、欧盟、日本和美国）作了口头发言，并回答了听取上诉的分庭成员提出的问题。2010 年 12 月 17 日，DSB 例会通过了新西兰诉澳大利亚苹果限制措施案（DS 367）上诉机构报告。

三、专家组及上诉机构的审查要点与结论

（一）本案所争议的措施是否为 SPS 措施

确定争议措施的属性是专家组开展审查的前提。专家组审查认为，本案涉及的 16 项措施，无论整体还是单项，均构成《SPS 协定》附件 A（1）意义上的"SPS 措施"。澳大利亚对此提出上诉，但上诉机构维持了专家组的审查结论。

专家组指出，澳大利亚 1908 年的《检疫法》是 IRA 的立法基础，也是 16 项措施的立法基础。《检疫法》将检疫措施定义为"其目标是预防或控制可能对人类、动物、植物、环境或经济活动造成重大损害的疾病或有害生物的传入、定殖和传播"。IRA 规定，实施这些措施的目的是保护人类、动物和植物的健康。专家组认为，IRA 提出的 16 项措施都旨在达到这些总体目标，因此均与《SPS 协定》附件 A（1）（a）所指的有害生物传入、定殖和传播造成的风险有关。此外，专家组分析了 IRA 中每项单独措施的目的，认定这些目的与风险管理之间存在密切联系。专家组将这 16 项措施划分为法规、要求或程序。如果要将新西兰苹果进口到

澳大利亚，16 项措施中的每一项都需要遵循。因此，专家组认定，争议的 16 项措施均为 SPS 措施。

澳大利亚辩称，尽管 16 项措施整体上为 SPS 措施，但其中仅 4 项"主要"风险管理措施为 SPS 措施，其他措施只是"辅助"要求。这些辅助要求是根据主要风险管理措施确定的，主要用于实施或维持这些措施。澳方认为，这些辅助要求除了增强保护动植物生命或健康免受相关风险的效力外，没有其他作用，因此不应被认定为单独的 SPS 措施。以措施 3 为例：该措施要求"制定并批准果园检验方法，以解决树顶症状的可见性、所需的检验时间、未达到有效性须检验的树木数量，以及检验员的培训和认证等问题"。单靠该要求并不能有效防范任何风险，只有在作为"苹果不得来自出现火疫病症状的地区"的主要措施的附属要求时，该要求才有实际意义。

上诉机构认为，"SPS 措施"的概念是解决此争端的关键。上诉机构细致分析了《SPS 协定》附件 A（1）对 SPS 措施的描述，指出附件 A（1）中"SPS 措施"的一个基本要素是，此类措施必须是"适用于保护"至少一项所列利益"或防止或限制"指定损害的措施。此外，"适用"指的是措施的应用，这意味着措施与附件 A（1）所列目标之一的关系必须在措施中体现出来。

上诉机构指出，《SPS 协定》附件 A（1）（a）与《GATT 1994》第Ⅲ条。尽管措施目的不易确定，但通常可从措施设计、架构和结构中看出其目的。措施是否为附件 A（1）（a）所指的"适用……以保护"，不仅必须根据措施目标来确定，还要根据相关措施的文本和结构、其周围的监管环境及其设计和适用方式来确定。附件 A（1）的最后一段与（a）项至（d）项列举的所有目的相关联。该段的第一部分包括一个由连词"和"连接的法律文书清单（"法律、法令、法规、要求和程序"）。该清单由"包括"和"所有相关"词语修饰。上诉机构认为，"相关"

是本段的关键要素。这表明，即使未明确列出的措施，只要与前述目的相关，也可构成 SPS 措施。

据此，上诉机构认为，争议的 16 项措施符合 SPS 措施的定义特征，无论是整体还是单项，均属于 SPS 措施范畴，专家组的结论无误。

（二）措施是否符合《SPS 协定》第 5.1 条、第 5.2 条以及第 2.2 条

新西兰认为，澳大利亚对从新西兰进口的苹果采取的措施没有充分的科学依据。在缺乏科学支持的情况下，澳大利亚采用了一种有缺陷的方法，任意放大风险，然后通过夸大交易量假设将放大后的风险加倍，因此违反了《SPS 协定》第 5.1 条、第 5.2 条和第 2.2 条规定。

1. 专家组的审查结论

专家组指出，澳大利亚的进口风险分析（IRA）中很少说明如何讨论和审查与火疫病、欧洲溃疡病和苹果卷叶蛾（ALCM）传入、定殖及传播有关的各种因素，并将它们转换为量化估计值。专家组要求澳大利亚证明以下三点：其整理记录了 IRA 对专家判断的采信情况；对在该报告中采信此类判断的情况并无隐瞒；该报告根据相关的可靠科学信息采信此类判断。但澳大利亚未能证明这三点。

专家组认为，当相关科学证据根据《SPS 协定》第 5.1 条足以进行风险评估时，风险评估人员应依赖现有的科学证据，并必须使用专家判断作为其相关风险评估的一部分。如果一个成员选择将 SPS 措施建立在风险评估的基础上，则必须初步确定相关科学证据足以进行风险评估，并可以选择根据《SPS 协定》第 5.7 条采取临时的 SPS 措施。澳大利亚进行了风险评估，并将其 SPS 措施建立在该风险评估基础上，这表明澳大利亚认为相关科学证据足以进行风险评估。澳大利亚为其风险评估选择了一种半定量的方法，也表明其对现有科学证据有一定信心。专家组认为即使有科学证据，IRA 也多次依靠专家判断来估算某些事件的量化概率。依靠专家判断本身并无问题，但要想将风险评估视为基于"现有科

学证据"的一种科学流程，必须按照《SPS 协定》第 5.1 条和第 5.2 条来推理和解释这些专家判断。

专家组审查了火疫病的传入、定殖和传播的因素。关于火疫病的传入、定殖和传播，IRA 没有提供关于估计的总体进口概率的具体理由和证据。其分析立足于一些假设和条件，这些假设和条件使各方有理由怀疑评估的可靠性，同时 IRA 也未适当考虑许多可能对这一特定风险的评估造成重大影响的因素。专家组认为，IRA 倾向于高估火疫病后果的严重性，特别是在植物生命或健康以及国内贸易或工业的标准方面。因此，IRA 对火疫病的潜在生物和经济后果的评估未依据充分的科学证据，因此该评估结果并非一致的客观结果。此外，专家组发现，IRA 在方法上存在某些错误，放大了所评估的风险，因此不符合《SPS 协定》第 5.1 条所指的适当风险评估。

关于 ALCM，专家组认为 IRA 对其传入、定殖和传播的可能性分析存在缺陷，足以使各方怀疑其评估结论，同时 IRA 也未适当考虑可能对这一特定风险评估造成重大影响的因素，包括 ALCM 的生存能力、寄生影响、出现时期、气候条件和贸易方式。IRA 倾向于高估 ALCM 后果的严重性，特别是在植物生命或健康、控制或消灭有害生物、国内贸易和国际贸易方面。IRA 对潜在后果的分析没有充分考虑到 ALCM 定殖所必需的地理范围和气候条件问题。因此，IRA 对 ALCM 的潜在生物和经济后果的评估未依据充分的科学证据，因此该评估结果并非一致的客观结果。专家组认为，IRA 在 ALCM 进口流程的推理以及与传入、定殖和传播有关的因素方面存在多方面错误，严重到足以使 IRA 不符合《SPS 协定》第 5.1 条。

关于争议的"一般措施"，专家组认为，"考虑到 IRA 中一般措施与火疫病以及 ALCM 具体要求之间的关系，并考虑到 IRA 中这些一般措施缺乏任何单独证明理由"，既然 IRA 不属于适当的风险评估，这些一般措施间接地与《SPS 协定》第 5.1 条、第 5.2 条和第 2.2 条的规定不相符。

综上所述，专家组得出结论，澳大利亚的进口风险评估和各项措施未充分考虑科学证据、生产方式、病虫害本身的特点和环境条件等因素，未能充分证明病虫害传播的可能性，因此违反了《SPS 协定》对科学证据的要求，不属于适当的风险评估，不符合《SPS 协定》第 5.1 条和第 5.2 条，因此也不符合《SPS 协定》第 2.2 条。

2. 澳大利亚上诉观点

澳大利亚认为，专家组在评估其风险评估和 SPS 措施与《SPS 协定》第 5.1 条的一致性时，采用了不恰当的审查标准。专家组在审查风险评估时，误用了科学"充分性"和"客观一致性"的标准。在对火疫病和 ALCM 的 IRA 进行审查时，专家组应只询问 IRA 的结论是否"在科学界标准所规定的合理范围内"，而不是要求解释 IRA 小组在中间流程中得出专家判断的具体方法。澳大利亚认为，专家组本身不应进行风险评估，而是审查 WTO 成员的风险评估，以确定其是否"客观合理"，而不是确定其"正确"与否。

澳大利亚认为，专家组在审查其风险评估及其在若干中间步骤中使用专家判断时，要求过高的透明度和文件记录标准，从而在评估风险评估人员推理的客观性和一致性时出错。澳大利亚引用第 2 号和第 11 号国际植物检验检疫措施标准（ISPM2 和 ISPM11），这些标准承认在存在科学不确定性的情况下，每个阶段都需要专家判断。此外，ISPM2 和 ISPM11 中规定的"文件化"和"透明度"标准只要求确认在何处采信了专家判断，并解释为何需要专家判断，但并未要求解释具体的判断方式。澳大利亚主张，在科学证据不充分的情况下，《SPS 协定》第 5.1 条中的"适合有关情况"为开展风险评估提供了一定的灵活性。专家组错误地要求 IRA 解释其中间步骤和专家判断的具体方法，这在《SPS 协定》第 5.1 条中并不存在。

澳大利亚认为，专家组发现其风险评估中存在错误时，未能评估这些错误的重要性，也未能确定这些缺陷是否严重到使整个风险评估受到质疑的程度。专家组的评估应考虑这些错误是否足以影响风险评估的整体有效性，而不是简单地指出存在缺陷。

3. 上诉机构审查及裁定

第一，专家组在审查澳大利亚的风险评估和澳大利亚 SPS 措施是否符合《SPS 协定》第 5.1 条、第 5.2 条和第 2.2 条时，是否采用了不恰当的审查标准。

上诉机构参考了欧盟与美国荷尔蒙争端中的相关解释，指出专家组在审查时主要考虑了风险评估的两个方面：第一方面，确定风险评估的科学依据来源是否可信，是否符合相关科学界标准，是否可被视为"合法科学"；第二方面，确定风险评估人员的推理是否客观一致，结论是否得到科学依据的充分支持。

上诉机构认为，专家组对 IRA 中间推理和结论是否客观一致（科学证据是否充分支撑结论）的审查并无错处。IRA 审查火疫病和 ALCM 以及风险分析的科学和技术工作属于第一方面；IRA 的推理、各种流程和因素的中间结论以及其总体结论属于第二方面。当使用专家判断作为风险评估分析内容的一部分时，其应与风险分析中所有其他推理和结论一样，受专家组审查。

IRA 中的推理是根据进口流程和方案以及定殖和传播因素阐述的，并通过整合这些因素得出传入、定殖和传播的总体概率，并用类似结构对潜在生物学和经济学后果进行定性评估。专家组按照 IRA 自身的结构来分析该报告，审查范围包括各个步骤和因素，以及这些步骤和因素汇总组合而成的方法体系。在此过程中，专家组遵循了对《SPS 协定》第 5.1 条风险评估的审查标准，该标准要求专家组审查风险评估人员的结论，而不是自己进行风险评估。

上诉机构认为，如果专家组无法评估 IRA 中间结论和推理的客观一致性，则缺乏依据评估 IRA 与《SPS 协定》第 5.1 条的一致性。因此，考虑到 IRA 正是在这些中间流程中推理和揭示了科学证据与其结论之间的关系，专家组正确评估了 IRA 中间流程和因素的中间结论是否客观一致。

上诉机构认为，专家组根据审查标准对 IRA 的审查无误。特别是，专家组正确审查了 IRA 就进口可能性、传入、定殖和传播可能性以及火疫病和 ALCM 潜在生物和经济后果得出的中间结论是否得到科学证据的充分支撑，结论是否客观一致。

第二，专家组是否错误地评估了 IRA 专家判断的使用情况。

如果风险评估人员根据专家判断得出结论并确定存在科学不确定性，这并不妨碍专家组评估这些结论是否客观一致以及是否有充分的科学依据。潜在的科学证据与基于该科学证据及专家判断（如有必要）得出的推理和结论是有区别的。

上诉机构认为，即使使用了专家判断，《SPS 协定》第 5.1 条中的"适合有关情况"一词也不能被解释为允许风险评估人员偏离第 5.1 条和第 5.2 条的要求或忽略现有的科学证据。一定程度的科学不确定性不足以证明偏离这些要求，特别是在需要考虑现有科学证据时。一般而言，使用专家判断的文件和具有透明度，有助于确定总体风险评估是否基于现有科学证据，是否符合《SPS 协定》的要求，即使在科学不确定性存在的情况下也是如此。

澳大利亚引用的 ISPM2 和 ISPM11 提供了有害生物风险分析的框架和详细信息。虽然《SPS 协定》第 5.1 条要求进行有害生物风险评估时考虑国际上制定的风险评估技术，但这并不意味着风险评估必须完全基于这些技术，也并不意味着仅遵守这些技术就足以证明成员遵守了《SPS 协定》规定的义务。ISPM2 和 ISPM11 阐述了风险评估过程的透明度和文件要求，并不排除在科学不确定的情况下使用专家判断。除了对"不确定性"的章节要求透明度和记录不确定性的性质和程度外，整个有害生物风险分析过程应充分记录。

上诉机构认为，专家组的观点无误，即 IRA 没有充分记录其使用专家判断的情况，IRA 应解释如何在中间步骤做出专家判断。专家组正确地评估了 IRA 中的推理是否揭示了结论与科学证据之间的客观和合理联系。专家组认为 IRA 在使用专家判断和透明度方面的缺陷，使其风险评估不符合《SPS 协定》第 5.1 条和第 5.2 条的要求。

第三，专家组是否未能评估其在 IRA 推理中发现的错误的严重性。

上诉机构认为，专家组的分析显示，IRA 在进口流程的推理及其传入、定殖和传播因素方面存在多重错误，这些缺陷足以证明 IRA 不符合《SPS 协定》第 5.1 条要求的适当风险评估。专家组不需要确认每个错误本身是否足够严重以破坏整个风险评估。此外，专家组是否将风险评估作为一个整体审查，或是否基于各个步骤和因素的分析来建立总体结论，取决于所审查的风险评估的类型和结构，并可能取决于申诉方如何提出和开展诉讼。在这种情况下，鉴于 IRA 的分析方式，专家组的方法是适当的。上诉机构认为，专家组通过对 IRA 各步骤和因素的全面分析，适当地评估了 IRA 是否属于《SPS 协定》第 5.1 条所指的风险评估。基于这些理由，上诉机构驳回了澳大利亚的主张。

（三）关于火疫病、欧洲溃疡病和 ALCM 的措施是否符合《SPS 协定》第 5.6 条

新西兰提出其替代措施符合澳大利亚的适当保护水平（ALOP），在技术和经济上合理可行，并且比澳大利亚措施对贸易的限制更小，因此认为澳大利亚的措施违反了《SPS 协定》第 5.6 条。

1. 专家组的审查结论

专家组指出，新西兰需证明替代措施同时具备以下要素：①技术和

经济上合理可行。②达到澳大利亚的适当保护水平。③对贸易的限制大幅低于澳大利亚的措施。

专家组分析新西兰提出的替代措施，认为这些措施满足上述三个要素。专家组得出结论，澳大利亚关于火疫病和 ALCM 的措施对贸易的限制超过了必要水平，不符合《SPS 协定》第 5.6 条。然而，新西兰未能证明针对三种有害生物的一般措施不符合该条款。

2. 澳大利亚上诉观点

澳大利亚认为，专家组错误地基于其对《SPS 协定》第 5.1 条、第 5.2 条和第 2.2 条的结论，得出新西兰替代措施将达到澳大利亚适当保护水平的结论。澳大利亚请求上诉机构推翻专家组关于火疫病和 ALCM 措施与第 5.6 条不符的结论。澳大利亚称，专家组未要求新西兰肯定地证明澳方措施不符合《SPS 协定》第 5.6 条，只确定替代措施"也许"或"可能"达到适当保护水平。澳大利亚认为，专家组在解释"适当的卫生或植物卫生保护水平"时，未考虑潜在的生物和经济后果，仅侧重于有害生物的传入、定殖和传播的概率。

3. 上诉机构审查及裁定

上诉机构认为，《SPS 协定》第 5.1 条和第 5.6 条是独立的，即使推翻专家组根据第 5.1 条和第 5.2 条的结论，不会影响对第 5.6 条的分析方法。专家组采用了"两步骤"分析方法：首先，评估新西兰是否证明澳大利亚夸大了进口新西兰苹果的风险；其次，考虑新西兰建议的替代措施是否可以满足澳大利亚的 ALOP。上诉机构认为专家组的方法存在问题，因为第 5.1 条和第 5.6 条规定的义务不同，彼此独立。

上诉机构认为，专家组应对新西兰提议的替代措施是否能达到澳大利亚的适当保护水平进行独立分析。专家组在评估替代措施时过于谨慎，未能根据第 5.6 条的要求进行独立分析。上诉机构同意澳大利亚的观点，即"适当保护水平"包括评估有害生物传入、定殖和传播的可能性及其潜在生物和经济后果。因此，对替代措施是否达到适当保护水平的任何评估都必须考虑这些因素。

上诉机构推翻了专家组关于澳大利亚火疫病和 ALCM 措施不符合《SPS 协定》第 5.6 条的结论。由于专家组未能充分评估新西兰替代措施与澳大利亚 ALOP 的关系，无法完成对《SPS 协定》第 5.6 条第二个条件的法律分析。因此，上诉机构认为专家组的方法不适当，无法确认新西兰的替代措施是否能达到澳大利亚的适当保护水平。

（四）专家组是否未能根据 DSU 第 11 条的规定对其处理的事项进行客观评估

澳大利亚认为，专家组未能根据 DSU 第 11 条的规定对其处理的事项进行客观评估，并据此提出上诉。

1. 澳大利亚的上诉观点

澳大利亚指出，专家组未能采纳或无视其任命的专家对澳大利亚有利的证词，且专家组误解了澳大利亚风险评估中采用的方法。

2. 上诉机构审查及裁定

澳大利亚认为，专家组未能采纳或无视其任命的专家对其有利的证词。上诉机构指出，专家组在评估证据时享有自由裁量权，但这种权利在《争端解决规则与程序的谅解》（DSU）第 11 条下受到限制。根据《SPS 协定》第 5.1 条，专家组必须利用证据来审查 WTO 成员的风险评估，而不是进行自己的风险评估。上诉机构详细审查了澳大利亚提出的在六个不同领域中关于专家证词处理的质疑。上诉机构考虑了每项陈述的背景以及澳大利亚在诉讼过程中对这些声明的重视程度，评估了专家组是否忽视了这些陈述，是否讨论了与推理相关的重要陈述，及其推理是否表明考虑了这些证据。经过审查，上诉机构认为，专家组在处理科学专家在六个不同领域的证词时，并没有忽视或不采纳有利于澳大利亚的重要证据。因此，专家组在对专家证词的处理上符合 DSU 第 11 条的要求。

澳大利亚认为，专家组误解了其风险评估中采用的方法。专家组指出，IRA 将"可忽略"的事件发生概率区间设定为 $0 \sim 10^{-6}$，但没有提供正当理由，这导致对有害生物传入、定殖和传播概率的高估。IRA 采用了半定量方法，将定量概率区间转换为定性评级和描述，但其使用的对应关系不合理，导致方法上的缺陷放大了所评估的风险。因此，专家组认定 IRA 并非《SPS 协定》第 5.1 条所指的适当风险评估。上诉机构同意专家组的意见，认为在半定量风险评估中，对应关系的客观性对于评估结果的客观一致性至关重要。上诉机构认为，专家组没有误解 IRA 使用的方法，并认为澳大利亚没有证明专家组在评估其风险评估方法时的行为不符合 DSU 第 11 条。

上诉机构裁定，澳大利亚没有证明专家组的行为违反 DSU 第 11 条的规定。专家组在处理专家证词和评估澳大利亚的风险评估方法时，遵循了 DSU 第 11 条的要求，其行为是适当的。

（五）专家组是否错误地认定新西兰根据《SPS 协定》提出的主张不在专家组的职权范围之内

1. 专家组的结论

专家组首先分析了新西兰的主张是否在其授权审查范围内。专家组认为，如果"IRA 程序"存在不当拖延，则可能违反《SPS 协定》附件 C（1）（a）。专家组接着讨论了新西兰是否在请求中包含了相关程序问题。专家组认为，新西兰"程序上拖延"的主张与其质疑的 17 项具体措施不同。由于新西兰的专家组请求中未明确提出要求审查该程序，专家组认为该主张不在其审查范围内。

2. 新西兰上诉观点

新西兰引用欧共体生物技术产品审批和销售案中的专家组意见，认为如果完成批准程序所用时间超过了检查和确保遵守相关卫生与植物卫生要求的合理必要时间，意味着存在"不当延迟"。新西兰提出了几项关键事实，认为 IRA 的完成时间超过了合理必要时间：①完成 IRA 花了 8 年时间。②澳大利亚检疫局在 IRA 流程开始时发出的信函表明，风险评估需要约 12 个月，因为该评估"技术上并不复杂"。③澳大利亚政府授权的检疫制度审查中承认延误"难以解释"。④澳大利亚没有对延误作出解释或说明理由。

新西兰认为，专家组错误地认定其在根据附件 C（1）（a）和第 8 条提出的主张中没有适当地确定争议措施。新西兰认为，质疑的是整个"IRA 流程"，而不是某项具体措施。专家组在解释《SPS 协定》附件 C（1）（a）和 DSU 第 6.2 条时犯了三大错误：①专家组错误地假设争议措施必然会直接导致违反义务。②专家组模糊了争议措施和主张之间的区别。③专家组坚持认为，尽管 IRA 流程已经结束，但它是唯一可以质疑的措施，忽略了新西兰认为这些措施继续损害其利益的事实。

3. 上诉机构审查及裁定

（1）是否属于专家组的授权调查范围。

新西兰根据《SPS 协定》附件 C（1）（a）和第 8 条提出，澳大利亚的 IRA 流程存在"不当延误"。上诉机构审查了专家组的结论，认为专家组错误地认定新西兰的主张不在其职权范围内。

根据《争端解决规则与程序的谅解》（DSU）第 6.2 条，申诉方在其专家组请求中必须满足两个关键要求：确定具体措施和简要概括申诉的法律依据。这两个要素构成"诉诸 DSB 的事项"。如果其中任何一个没得到适当确定，该事项将不在专家组职权范围内。

上诉机构指出，专家组将上述两种要求混为一谈。专家组未能正确区分措施和主张：一方面分析新西兰是否在其专家组请求中确定了具体措施；另一方面裁定超出专家组职权范围的是新西兰的主张，而不是措施。

根据 DSU 第 6.2 条和第 7.1 条，申诉方必须确定"具体的措施"和

"足以说明问题的法律依据"才能使问题属于专家组的职权范围。专家组的分析本应限于确定新西兰将核实的具体措施以及将核实的法律依据。专家组初步认定，新西兰的专家组请求确定了 17 项措施，其主张以《SPS 协定》附件 C（1）（a）和第 8 条为依据，因此，该事项在专家组职权范围内。

然而，专家组在裁决阶段停止了分析，没有进一步探讨新西兰的主张是否符合《SPS 协定》附件 C（1）（a）和第 8 条。因此，上诉机构推翻了专家组关于 IRA 不当延迟主张不在其职权范围内的结论。

（2）澳大利亚的措施是否存在"不当延误"。

《SPS 协定》附件 C（1）（a）要求在"无不当延迟"情况下实施和完成相关程序。"延迟"通常指"因不作为或无法进行而损失的时间"，"不当"意味着"不应该、不恰当、不合理或不合法"。因此，附件 C（1）（a）要求各成员以适当的速度完成相关程序，不涉及任何不必要的、过度的、不合理的时间段。

评估程序是否被不当延迟，需要对具体情况进行逐案分析，考虑未能迅速采取行动的原因及其合理性。新西兰的主张并未质疑这 16 项措施的实质内容，而是质疑这些措施的制定过程。然而，这些措施本身并未说明通过这些措施的具体过程，或该过程中的任何步骤。新西兰未提供其他论据支持其主张，即这 16 项措施违反了附件 C（1）（a）和第 8 条中规定的"无不当延迟"的义务。

因此，上诉机构认为，新西兰没有证明这 16 项措施不符合《SPS 协定》附件 C（1）（a）和第 8 条规定，即在"无不当延迟"情况下实施和完成相关程序的要求。

上诉机构推翻了专家组关于新西兰对 IRA 流程不当延误主张不在其职权范围内的结论。同时，上诉机构认为新西兰未能证明澳大利亚的 16 项措施存在"不当延误"，因此未能支持其根据《SPS 协定》附件 C

（1）（a）和第 8 条提出的主张。

四、评析与启示

（一）专家组的职责范围及审查标准

在 WTO 争端解决机制中，DSU 第 6.2 条起着关键作用。它要求申诉方在专家组请求中明确两个关键要素：具体的争议措施和简要概括的法律依据。这两个要素共同构成"诉诸 DSB 的事项"。如果任何一个要素未得到适当确定，该事项将不在专家组职权范围内。需要注意的是，专家组的审查必须根据设立专家组的请求来确定是否符合第 6.2 条的要求，而且在后续的程序中不能补救这些缺陷。

DSU 第 11 条规定了专家组在审查时应使用的标准，要求专家组对其审议的事项做出客观评估，包括对案件事实及有关适用协定的一致性进行客观评估。这体现了 WTO 争端解决机制的"不告不究"原则，即申诉方必须全面清晰地提出需要 DSB 解决的事项。

（二）关于风险评估的客观性和科学性判定

《SPS 协定》第 5.1 条要求 SPS 措施以"风险评估"为基础，《SPS 协定》附件 A（4）规定了"风险评估"的定义，第 5.2 条列出了风险评估所必须考虑的因素。虽然这些因素并非封闭式清单，但包括现有科学证据及其他相关因素。要判断风险评估是否符合第 5.1 条和附件 A（4）的规定，必须通过评估风险评估人员的结论与现有科学证据之间的关系来确定。第 5.1 条是第 2.2 条所规定的基本义务的具体适用，两者通常应一并解读，第 2.2 条强调卫生与植物卫生措施必须以科学原则和充分的科学证据为基础。

开展 SPS 领域的风险评估时，应符合以下几点要求：①科学的方法。风险评估必须是系统的、有概率和客观的调查分析过程。如果一个成员选择将 SPS 措施建立在风险评估基础上，其已初步确定的相关科学证据必须足以进行风险评估。如果科学证据不足以进行风险评估，则可选择根据《SPS 协定》第 5.7 条采取临时的卫生与植物卫生措施。②合理的推理。专家组根据《SPS 协定》第 5.1 条审查风险评估的两个方面：确定风险评估的科学依据来自受推崇的合格来源，并根据相关科学界标准被视为"合法科学"；以及确定风险评估人员的推理是客观一致的，其结论得到科学依据的充分支持。在本案中，IRA 关于进口流程的推理以及传入、定殖和传播的因素方面存在多方面错误，这些缺陷足以表明 IRA 不符合第 5.1 条意义上的适当风险评估。③谨慎使用专家判断。虽然专家判断是风险评估的重要工具，但不能替代科学数据。在使用专家判断时，应非常谨慎，确保其合理性和科学依据。④避免"不当延迟"。风险分析过程必须避免不当延迟，确保相关程序在合理时间内完成。这不仅提高了程序的效率，也增加了评估结果的可靠性和合法性。

综上所述，WTO 争端解决机制强调明确和科学的风险评估方法，确保措施的合理性和合法性。这为成员国提供了清晰的指导方法，帮助其在制定和实施 SPS 措施时，符合国际标准和规定。

（三）关于替代措施是否符合第 5.6 条要求的检验标准

《SPS 协定》第 5.6 条及其注脚提出了替代措施的三个检验标准：①技术和经济可行性：替代措施必须在技术和经济上合理可行。②适当保护水平：替代措施应达到成员适当的卫生与植物卫生保护水平。③贸易限制较小：替代措施对贸易的限制应显著小于有争议的 SPS 措施。这三个条件是累计性的，必须全部满足才能确定替代措施符合第 5.6 条。在确定前两项条件时，专家组必须重点评估替代措施本身。只有在审查第三个条件时，专家组才需要将替代措施与有争议的 SPS 措施进行比较。

（四）关于批准程序合规性问题

附件 C（1）（a）要求成员在无不当延迟情况下开始并完成具体程序。因此，程序本身是相关义务的直接目标，这意味着程序可能违反该

义务。然而，这并不排除其他类型的措施也可能违反附件 C（1）（a）和
第 8 条。

除了控制、检查和批准程序本身之外，其他政府措施可能会妨碍或
阻止这些程序的实施和完成，从而违反无不当延迟的义务。这些措施包
括：相关的"批准、控制和检查程序"；妨碍或阻止开展或完成此类程序
的政府行动；以及未能以适当的速度实施或完成此类程序的情况。这些
措施，即使本身不是程序，也可能导致违反附件 C（1）（a）和第 8 条的
规定。

第六章　中国应对技术性贸易措施的优化方案

第一节　SPS措施和TBT措施的优化方案

SPS措施和TBT措施等非关税贸易措施在维护国际贸易秩序中发挥着重要作用，然而，不合理或过度使用此类措施会严重阻碍贸易的发展。在当前激烈的市场竞争环境中，部分SPS措施和TBT措施对我国农产品出口产生了长期的不利影响。SPS措施和TBT措施的直接受损方是企业，企业可能因此被迫退出某一市场，或是被迫改造技术设备或工艺，增加成本，降低竞争力，威胁生存和发展；其间接受损方是政府，如果政府应对不当，则会影响贸易、投资、就业甚至整个农业产业的发展。

中国出口的农产品频频遭遇国外SPS措施和TBT措施的挑战由多种原因构成，既有出口企业自身和中介组织方面的原因，也有政府部门的原因。例如，农产品出口企业的产品质量不过关，技术水平不达标；中介组织联合应对的机制尚未形成；政府部门的信息不够公开透明、对外交涉的能力亟待增强等。为减少不合理的 SPS 措施和 TBT 措施对我国农产品贸易的负面影响，我们需要从提升出口产品质量，构建完善的认证体系，实现产品的标准化、规模化和产业化，构建完善的预警体系，实现农产品进口来源多元化等方面入手，有效突破非关税壁垒，保护国内农业产业链，实现农产品贸易的健康稳定发展。

一、实施标准化战略，建立认证体系

技术性贸易措施的核心是产品，而产品的核心是标准，出口农产品只有通过国际认证，才能实现标准化、流程化、规模化生产，在进口国所设置的非关税贸易壁垒中争取市场份额和扩大贸易合作。这要求农业外贸企业加强技术创新，建立与国际接轨的标准体系。一方面，企业需要跟踪全球标准化动向，及时制定和调整产品标准，使产品标准与国际标准对接，不断完善生产标准制度，同时积极参与国际标准的制定，建立与国外权威认证机构的相互认可机制。企业应该以产品标准的国际化，带动企业按照国际标准安排生产，使产品更符合进口国要求。另一方面，企业需要与政府和行业组织共建前沿技术共享机制，促进企业转型升级优化，增加产品的科技含量，提升质量检测标准，争取国际标准认证。

在政府层面，我国需要完善与 SPS 措施和 TBT 措施相关的法律法规，强制性地要求农产品达到一定的安全标准和要求，并对违法行为进行惩罚，从而保证法律法规的有效执行。部分发达国家已经建立起了非常系统和完善的法律法规体系，与之相比，国内在这方面还较为落后，导致农产品出口企业无法可依、各自为政，在国际市场上频频遭遇国外的 SPS 措施和 TBT 措施。此外，我国需要进一步加强和推动多边和双边贸易协作，逐步承认彼此国家相关机构的检验检疫资质，推动互认标准的实施，以便简化农产品出口手续，降低出口成本，提升我国产品的竞争力。具体来说，我国可借鉴欧盟内部贸易动物卫生跟踪证书（Intra-Trade Animal

Health Certificate，ITAHC）的建立方式以及原产地标记措施，在中国与其他国家的自由贸易协定（Free Trade Agreement，FTA）谈判中，积极提出采取类似的举措，以促进更广泛的合作，为农产品出口创造有利的环境。

二、建立农产品非关税贸易壁垒预警机制

随着中国对外开放程度的不断加深和非关税壁垒在国际贸易中越发普及，农产品进出口企业已对国外的 SPS 措施和 TBT 措施等非关税壁垒有所了解。然而，许多企业在信息预警和快速响应能力上仍显不足。这一方面是因为发达国家的市场准入条件根据其内部需求不断变化，另一方面是中国的农产品进出口企业对于境外最新的标准和法规缺乏充分的认识和理解。在农产品国际贸易中，如果进口国经常调整对农产品的质量标准和检验检疫流程，我国出口企业将面临信息障碍，因而建立一个完善高效的非关税壁垒预警机制和信息系统可以成为我国应对这一挑战的重要手段。

为了实现这一目标，政府、行业协会和农产品进出口企业需要共同努力。具体来说，政府部门应建立预警系统，加强宏观调控能力，充分利用 WTO 的透明度原则，及时掌握并提供国际市场信息和其他国家相关政策动态，及时通知出口企业进口国农产品标准的变化。此外，政府需要与科研院所合作深入研究世界贸易组织的规则，包括积极参与或签署国际协定、研究出口国对农产品进口标准和流程等，不断提升对出口农产品相关技术质量标准的信息获取能力，保证及时获得进口国的产品技术标准和规则，最大限度地减少非关税壁垒对企业的影响。同时，政府还需发挥其在国际协商和争端解决方面的作用，对不合理且具有明显歧视性的非关税壁垒措施，及时诉诸 WTO 争端解决机制。

行业协会应致力于协调出口事宜，整合政府提供的信息，在深入了解农产品生产情况及供求关系的基础上，对主要贸易伙伴国的非关税壁

垒相关法律法规进行监测和预警，包括分析已颁布实施的、尚未实施的以及可能出台的法律法规等，以减轻贸易摩擦的影响。农产品出口企业本身也应积极参与，利用政府和行业协会提供的信息，提前做好应对和准备工作，以应对可能出现的非关税壁垒。中国农产品外贸企业应建立敏锐的风险意识和防御机制，在外贸业务中注重信息沟通，一旦出现非关税壁垒，结合出口市场的需求变化，能够迅速制定应对策略，及时调整产品供应，灵活应对价格和数量的调整。此外，企业还可以考虑开发新的国际市场，以减少对单一市场的依赖，从而降低非关税壁垒可能带来的经济风险和损失。通过这些措施，中国的农产品出口企业可以更好地应对国际市场的变化，提升其在全球贸易中的竞争力和适应力。

三、合理利用世界贸易组织的争端解决机制

《技术贸易壁垒协议》（Agreement on Technical Barriers to Trade, TBT）是 WTO 的一项重要协议，它要求成员国在产品法规、标准、认证和检验制度方面给予其他成员国非歧视性待遇。这意味着成员国在实施技术性规定和措施时，不能区别对待其他成员国和本国产品。根据 TBT 协议的规定，成员国可以利用 WTO 框架要求其他成员国消除或修改歧视性且不合理的技术性贸易措施，且当面对不合理且具有明显歧视性的非关税措施时，成员国可以诉诸 WTO 的争端解决机制。

这一机制为 WTO 成员方提供了一个磋商与沟通的平台，有助于解决贸易争端和矛盾。我国在运用 WTO 的争端解决机制方面取得过重大成效，例如，2009 年中美禽肉贸易争端事件，中国的企业通过中国政府进行了 WTO 争端解决诉讼，最终迫使美国国会修改相关法律，取消针对中国的贸易保护主义的规定。然而，政府考虑发起 WTO 案件的前提条件是政府了解国外贸易限制措施的存在及详情，但实际中常常是产业和企业而非政府处于国际农产品贸易第一线，这两者之间明显存在一定信息差。

因此，在农产品贸易摩擦中，我国应善于利用 WTO 准则和协议，加强中央政府—地方政府—行业协会—企业的"四体联动"网的建设，快速响应，积极应对，在国际法律框架内通过谈判、协商等方式快速解决争端。

此外，为保障国家生态和经济安全，合理有效地保护国内产业，中国应借鉴国际规范，建立完善的本国非关税壁垒体系，并在必要时适当采取贸易反制措施。非关税贸易壁垒体系的建立不仅能够鼓励国内企业提升生产水平，达到或超越国际先进标准，还能在国际贸易中发挥策略性作用，防止外国企业通过歧视性技术规定来损害中国市场。

四、全方位开拓国际市场，实现农产品贸易多元化

出口贸易的单一化是影响中国农产品贸易安全和稳定的重要因素。面对我国资源禀赋的挑战和国内消费需求的增长，需更积极地利用国际市场和资源，实施多元化的农产品进口策略，分散进口风险，减少国际市场波动对国内的影响。基于此，我国应该大力支持农业"走出去"，将其与市场多元化战略结合，利用"一带一路"倡议推动中国农业技术和资本对沿线国家的投资，提升东道国生产能力，建立稳定可靠的进口渠道，鼓励企业参与国际农产品产业链建设，增强对全球市场重点农产品的掌控能力。

具体来说，中国农业贸易企业在保持原有出口渠道的同时，进一步拓展国际市场有如下几种方式：一是采取合资、投资、并购等多种手段进行跨国经营，利用目标市场的技术、标准直接进行生产，从而规避不合理的 SPS 要求；二是深度开拓发达国家市场，要有计划、有步骤、有重点地挖掘与国内市场有较强互补性的市场，从而改变出口农产品过度依赖美国、日本、欧盟等发达国家的状况；三是尽量开发潜在贸易伙伴的市场，尤其是与中国签署了区域贸易协定的发展中国家和中等收入国家，如拉丁美洲和东南亚国家。由于中国与东南亚和拉美国家贸易资源

的互补性，双方拥有广泛的合作空间，通过深度合作消除非关税壁垒，将东南亚和拉美市场作为第二出口阵地，加强双方经济交流，实现双赢发展。这样的策略将减少对欧美市场的依赖，从而削弱非关税壁垒对中国外贸企业的影响。

与此同时，作为农产品贸易大国，中国应更积极参与国际农产品贸易规则、农业标准的制定，以及相关国际谈判与协作，争取更大的话语权。同时，国内政策的制定需考虑与国际规则的接轨，积极开展区域和双边贸易谈判及国际规则的讨论和制定，争取更大的国际支持和贸易空间。关注国际贸易领域的拓展，争取建立更公平合理的国际贸易规则，反对粮食禁运和出口限制，建立地区和国家间协作机制，为中国创造有利的贸易环境。

五、特殊国际政治经济环境下的中国选择

政府在应对外贸摩擦中扮演着关键的领导角色，在当前国际局势错综复杂、地缘冲突不断升温、全球极端气候频发、粮食保护主义盛行的国际政治经济环境下，应进一步强化政府在应对外贸非关税壁垒中的主导角色。这种主导不仅体现在国内政府各职能部门间上传下达的沟通，职能部门与企业间的沟通，也包括与其他 WTO 成员的协调与信息沟通。中国政府不仅需要规范外贸企业行为和贸易流通秩序，还要积极协助企业应对非关税壁垒，包括发挥政策指导和行政职能，从被动应对转向主动应对策略，特别是在歧视性壁垒问题上进行有效干预，争取合理权益。政府还应与农业外贸企业深度融合，建立与企业的长效沟通机制，运用国家干预力量影响出口对象国的决策，以及在国内企业面临歧视性非关税壁垒时，提供国际申诉支持，维护企业的合法权益，保护其国际化发展的信心。

与此同时，在应对复杂多变的全球经贸环境中，中国应继续坚持深

化改革和扩大开放，以保障农产品贸易的健康稳定发展和我国的粮食安全。首先，中国应积极推动区域全面经济伙伴关系协定（RCEP）的实施，并利用该协议为契机，主动倡导建立亚洲经济共同体。这不仅是对中美经贸摩擦的有效应对，还是促进地区经济一体化的重要步骤。同时，中国还需继续推进"一带一路"倡议，加强与亚洲以外国家的贸易关系，实现与沿线国家的协同发展。

第二节　贸易救济措施优化方案

农业贸易救济是指在农业领域内实施的一系列贸易救助措施，主要包括反倾销、反补贴以及保障措施等。这些措施的核心目的是利用 WTO 的规则来对冲或减小进口商品对国内农业生产者造成的负面影响。自加入 WTO 以来，中国农业市场在全球竞争中的角色越发重要，农产品贸易量显著增长，中国已经成为全球最大的农产品进口国和第五大出口国。然而，国内产业面临的进口压力也随之增大。考虑到中国农产品的平均关税大约只有 15%，远远低于全球平均水平，使关税作为保护国内农业产业的防护功能正在减弱。农业贸易救济作为一种有效的贸易政策工具，可以防止 WTO 成员间因不公平竞争、转嫁危机或过度进口而对成员内部经济造成冲击，是各国防范农业贸易风险、保护和提升竞争力和维护核心利益的重要手段。

我国在全球范围内是遭受贸易救济措施最严重的国家之一，尤其在农产品领域，每年都会遭受多起反倾销和反补贴的调查。特定的农产品，例如大蒜、蜂蜜、小龙虾、蘑菇罐头、桃罐头、柠檬酸等，经常连续多次成为反倾销调查的对象。有些产品甚至同时受到多个国家的调查关注，例如，柠檬先后遭到美国、南非、印度、泰国、乌克兰等国的审查，而大蒜也曾被美国、加拿大、巴西、南非、韩国等国进行调查。在某些情况下，特定国家对中国的某一种产品进行长期且连续的调查，例如，美国对中国出口的蜂蜜就进行了超过十年的连续多次调查，对中国的蜂蜜产业造成了极大的冲击和巨大损害。此外，有些国家对特定产品施加极高的关税，例如，美国对中国的冻煮淡水小龙虾和蘑菇罐头征收超过150%的反倾销税，使我国相关产业遭受到巨大损失。

我国自加入 WTO 以来，依据世界贸易组织规则以及我国的《对外贸易法》《反倾销条例》《反补贴条例》《保障措施条例》等相关法律法规，实施了一系列贸易救济措施，对多项农业进口产品进行调查，如对来自美国的白羽肉鸡进行反倾销和反补贴调查，对欧盟产的马铃薯淀粉进行反补贴和反倾销调查，对来自美国的干玉米酒糟进行反补贴和反倾销调查，对来自美国的高粱进行反补贴和反倾销调查，以及对澳大利亚产的大麦进行反倾销和反补贴调查等。此外，中国对不合理的贸易措施进行了有效反击，例如，在美国针对中国的暖水虾反倾销案中，中国就美国计算反倾销幅度时不符合世界贸易组织规则的做法诉诸 WTO 争端解决机制，并最终获得胜诉。通过这些举措，中国对多个涉及农业的贸易救济案件进行了较为有效的应对和管理。然而，尽管我国在完善贸易救济法律法规、农业产业损害监测预警机制建设、农产品贸易救济立案和出口应诉能力提升等方面取得了长足进步，但我国贸易救济措施仍然不够完善，亟须从贸易救济法治体系和能力建设、农业产业损害监测预警体系构建、提升贸易救济的决策效率和产业安全保障体系和进一步加强出口应诉和持续监测能力等方面加以优化。

一、加强贸易救济法治体系和能力建设

自加入 WTO 以来，我国国内农业贸易救济法律法规不断完善，制定

了包括"两反一保"条例，规定凡涉及农产品的反倾销、反补贴、保障措施案件的国内产业损害调查由商务部和农业部共同执行。《对外贸易法》也对贸易救济相关规定也进行了修订，新增"对外贸易调查"和"对外贸易救济"等章节，涉及立案、抽样调查、问卷调查、听证会、实地核查、产品范围调整、信息查阅和披露、价格承诺、期中复审、产业损害调查、执行 WTO 贸易救济争端裁决等多个方面。然而，我国贸易救济法治体系仍然存在覆盖面不够广、执行力不够强、国际合规性不够完善等问题亟须解决。

在优化国内政策的基础上，需要确保相关措施的国际合规性，即加强对 WTO 规则的遵守和解读，确保所有贸易救济措施符合国际贸易法的要求。具体而言，我国应建立和维护法律框架，不断更新和完善国内法律法规，确保其与国际贸易法规相一致，确保法律的透明性、合理性和执行力，并加强专业培训和法律咨询，为负责制定和执行贸易救济措施的官员和法律人员提供专业培训和法律咨询服务，以确保他们对国际贸易法有充分理解。在实施任何贸易救济措施之前，应进行详尽的调查和证据收集，对涉嫌倾销或补贴行为进行详细分析，以及对国内产业受损害的评估，确保所有决策基于充分、合法的证据。此外，应保证决策过程的透明性，允许各利益相关方（如国内外生产商、出口商、进口商）参与并提出意见，使所有声音都得到听取，并增强措施的合法性和可接受性。

另外，我国应及时与国际社会沟通，在实施贸易救济措施时，及时向国际社会和受影响的国家通报相关情况和决策依据，以避免误解和争议。在国际舞台上，我国应积极参与国际争端解决机制，平衡国内利益与国际责任，既要考虑保护国内产业的需要，也要注意维护多边贸易体系的稳定性和公正性。当国际贸易伙伴对中国的贸易救济措施提出异议时，积极参与 WTO 的争端解决机制，争取以和平和法律途径解决争端。

二、进一步完善农业产业损害监测预警体系

自 2007 年起，我国成功构建了一个农业产业损害监测预警系统，该系统覆盖了 27 个省级机构，5 个农业行业协会和 1 家科研院所，并且在全国设立了 108 个监测站点。这一监测网络关注的产品范围广泛，包括九大类 21 种关键农产品，如粮食、棉花、油料作物、糖类、肉类、水产品、乳制品、水果以及咖啡等。自监测预警系统建立以来，其监测预警分析报告在多个涉农产品贸易救济案件中发挥了关键的支持作用，有效推进了案件的立案、调查和裁决进程。近年来，农业农村部进一步增强了该系统的功能，成立了农业贸易预警救济专家委员会，使监测预警体系的建设更加完善和强大。在此基础上，我国需要致力于建设更为完善的农业产业损害监测预警体系，可参考的具体措施如下：

（一）强化农业产业损害监测预警

加强农业产业损害预警工作机构建设，明确职能范围，配备专门人员，建立同行业协会、企业间的联系与互动机制。进一步完善产业损害监测数据的采集、分析、报送和发布制度，加强贸易对国内农业产业影响的跟踪监测。建立完善产业损害分级预警制度，加强地区及全国重点农产品产业损害预警报告的发布。建立完善应急预案制度，在我国农业产业受到威胁和损害时，及时推动实施农业领域反倾销、反补贴、一般保障措施和必要的调控措施，确保农业产业安全。

（二）强化重点农产品出口监测预警

加强对主要贸易伙伴贸易保护措施的监测，及时收集主要出口对象国贸易法律法规、政策措施、市场动态以及贸易争端等方面的信息，开展贸易壁垒调查。联合企业和行业协会等相关机构构建适用于我国农业领域的出口贸易预警指标体系，加强重点农产品出口风险评估，支持和指导企业及行业协会申诉、应诉以及参与贸易争端解决，以有效应对其

他国家针对或涉及我国农产品出口的诉讼。

（三）加强多双边农业谈判

强化谈判参与力度，积极参与 WTO 等国际组织和多双边政府间谈判，包括世界贸易组织新一轮农业谈判、农产品质量标准技术壁垒谈判、农业遗传资源和新品种知识产权谈判及自贸区谈判等。建立必要的机制和制度，确保地方农业农村相关部门、主产区及农业专业组织通过畅通的信息反映渠道有效参与贸易决策过程，确保涉农谈判结果充分体现我国农业产业发展实际。

三、提升贸易救济的决策效率

我国在提高决策机构的专业性和独立性、确保裁决基于充分的事实依据和专业分析的同时，需要优化内部审查流程，减少不必要的行政程序，以缩短贸易救济案件的处理时间。提升贸易救济决策效率是一个复杂的过程，涉及提高行政效率、增强决策透明度和专业能力。其中，提高行政效率可通过简化行政程序和提高信息处理能力来实现，即审查和简化现有的行政流程，消除不必要的步骤和冗余环节，以加快决策过程，采用先进的数据分析工具和信息技术来加快数据收集、分析和处理的速度。例如，可以通过电子化处理和数据共享来减少文件处理时间和提高信息处理效率，并利用大数据分析来快速识别贸易模式和潜在的倾销行为。

增强决策透明度和专业能力主要通过优化决策结构、加强预案制定和实施动态评估和反馈机制来实现。决策结构的优化需要通过建立跨部门的协作机制，加快内部沟通和决策过程，如建立商务部和农业农村部之间的联动协作机制以及政府和企业之间的沟通管道等。加强预案制定需要对于常见的贸易争端和救济情形制定标准化的处理流程和应对预案，以便在出现类似情况时迅速采取行动。动态评估和反馈机制的实施依赖于定期评估决策效率和效果，通过收集反馈来识别瓶颈和改进点，可以通过设置内部审计、进行涉农外贸企业和主管机构调研等方式实现。

除此之外，我国还需增强国际交流与合作和加强相关人员的专业培训，积极与其他国家的贸易救济机构进行交流与合作，学习国际最佳实践，提升决策效率和效果。提高决策者和工作人员在贸易法、国际经济学和数据分析方面的专业知识和技能，力求快速准确地评估复杂的贸易情况和制定相应策略。

四、进一步加强出口应诉能力

自加入 WTO 以来，我国遭遇其他国家或地区发起的农业贸易救济案件在不断增多，涉案品种主要为水果、蔬菜、水产品等优势特色农产品，大蒜、蘑菇、冷冻暖水虾等产品被多国反复调查且长期采取措施。在执行措施的案件中，在相关部门的指导和帮助下，部分农业贸易企业积极抗辩，获得了较为有利的裁决结果，争取到了相对较低的实施税率。因而出口应诉能力的提升是增强贸易救济能力重要组成部分。

出口应诉能力的提升要求我国定期对已实施的贸易救济措施进行效果评估，确保它们达预期目标，并及时调整或取消不必要的措施。具体来说，我国应致力于制定一个系统性的评估框架，定期对现行贸易救济措施的效果进行评估，包括分析措施对国内产业保护的效果、对外部贸易关系的影响，以及可能产生的任何负面后果，并利用翔实的数据和先进的分析工具来从多个角度的量化分析评估贸易救济措施的效果。与此同时，应致力于构建反馈机制，对收集到的反馈进行分类、分析，并将其纳入决策过程，确保利益相关者的反馈被认真考虑，并在必要时调整策略。

附录一　实施卫生与植物
卫生措施协定

各成员：

重申不应阻止各成员为保护人类、动物或植物的生命或健康而采用或实施必需的措施，但是这些措施的实施方式不得构成在情形相同的成员之间进行任意或不合理歧视的手段，或构成对国际贸易的变相限制；

期望改善各成员的人类健康、动物健康和植物卫生状况；

注意到卫生与植物卫生措施通常以双边协议或议定书为基础实施；

期望有关建立规则和纪律的多边框架，以指导卫生与植物卫生措施的制定、采用和实施，从而将其对贸易的消极影响减少到最低程度；

认识到国际标准、指南和建议可以在这方面作出重要贡献；

期望进一步推动各成员使用协调的、以有关国际组织制定的国际标准、指南和建议为基础的卫生与植物卫生措施，这些国际组织包括食品法典委员会、国际兽疫局以及在《国际植物保护公约》框架内运作的有关国际和区域组织，但不要求各成员改变其对人类、动物或植物的生命或健康的适当保护水平；

认识到发展中国家成员在遵守进口成员的卫生与植物卫生措施方面可能遇到特殊困难，进而在市场准入及在其领土内制定和实施卫生与植物卫生措施方面也会遇到特殊困难，期望协助它们在这方面所做的努力；

因此期望对适用《GATT 1994》关于使用卫生与植物卫生措施的规定，特别是第 20 条（b）项①的规定详述具体规则，特此协议如下：

第 1 条　总则

1. 本协定适用于所有可能直接或间接影响国际贸易的卫生与植物卫生措施。此类措施应依照本协定的规定制定和适用。

2. 就本协定而言，适用附件 A 中规定的定义。

3. 各附件为本协定的组成部分。

4. 对于不属本协定范围的措施，本协定的任何规定不得影响各成员在《技术性贸易壁垒协定》项下的权利。

第 2 条　基本权利和义务

1. 各成员有权采取为保护人类、动物或植物的生命或健康所必需的卫生与植物卫生措施，只要此类措施与本协定的规定不相抵触。

2. 各成员应保证任何卫生与植物卫生措施仅在为保护人类、动物或植物的生命或健康所必需的限度内实施，并根据科学原理，如无充分的科学证据则不再维持，但第 5 条第 7 款规定的情况除外。

3. 各成员应保证其卫生与植物卫生措施不在情形相同或相似的成员之间，包括在成员自己领土和其他成员的领土之间构成任意或不合理的歧视。卫生与植物卫生措施的实施方式不得构成对国际贸易的变相限制。

4. 符合本协定有关条款规定的卫生与植物卫生措施应被视为符合各成员根据《GATT 1994》有关使用卫生与植物卫生措施的规定所承担的义务，特别是第 20 条（b）款的规定。

---

① 在本协定中，所指的第 20 条（b）项也包括该条的起首部分。

第3条　协调

1. 为在尽可能广泛的基础上协调卫生与植物卫生措施，各成员的卫生与植物卫生措施应根据现有的国际标准、指南或建议制定，除非本协定、特别是第3款中另有规定。

2. 符合国际标准、指南或建议的卫生与植物卫生措施应被视为为保护人类、动物或植物的生命或健康所必需的措施，并被视为与本协定和《GATT 1994》的有关规定相一致。

3. 如存在科学理由，或一成员依照第5条第1款至第8款的有关规定确定动植物卫生的保护水平是适当的，则各成员可采用或维持比根据有关国际标准、指南或建议制定的措施所可能达到的保护水平更高的卫生与植物卫生措施①。尽管有以上规定，但是所产生的卫生与植物卫生保护水平与根据国际标准、指南或建议制定的措施所实现的保护水平不同的措施，均不得与本协定中任何其他规定相抵触。

4. 各成员应在力所能及的范围内充分参与有关国际组织及其附属机构，特别是食品法典委员会、国际兽疫局以及在《国际植物保护公约》框架内运作的有关国际和区域组织，以促进在这些组织中制定和定期审议有关卫生与植物卫生措施所有方面的标准、指南和建议。

5. 第12条第1款和第4款规定的卫生与植物卫生措施委员会（本协定中称"委员会"）应制定程序，以监控国际协调进程，并在这方面与有关国际组织协同努力。

第4条　等效

1. 如出口成员客观地向进口成员证明其卫生与植物卫生措施达到进

---

①　就第3条第3款而言，存在科学理由的情况是，一成员根据本协定的有关规定对现有科学资料进行审查和评估，确定有关国际标准、指南或建议不足以实现适当的动植物卫生保护水平。

口成员适当的卫生与植物卫生保护水平，则各成员应将其他成员的措施作为等效措施予以接受，即使这些措施不同于进口成员自己的措施，或不同于从事相同产品贸易的其他成员使用的措施。为此，应请求，应给予进口成员进行检查、检验及其他相关程序的合理机会。

2. 应请求，各成员应进行磋商，以便就承认具体卫生与植物卫生措施的等效性问题达成双边和多边协定。

第 5 条　风险评估和适当的卫生与植物卫生保护水平的确定

1. 各成员应保证其卫生与植物卫生措施的制定以对人类、动物或植物的生命或健康所进行的、适合有关情况的风险评估为基础，同时考虑有关国际组织制定的风险评估技术。

2. 在进行风险评估时，各成员应考虑可获得的科学证据；有关工序和生产方法；有关检查、抽样和检验方法；特定病害或虫害的流行；病虫害非疫区的存在；有关生态和环境条件；以及检疫或其他处理方法。

3. 各成员在评估对动物或植物的生命或健康构成的风险并确定为实现适当的卫生与植物卫生保护水平以防止此类风险所采取的措施时，应考虑下列有关经济因素：由于虫害或病害的传入、定居或传播造成生产或销售损失的潜在损害；在进口成员领土内控制或根除病虫害的费用；以及采用替代方法控制风险的相对成本效益。

4. 各成员在确定适当的卫生与植物卫生保护水平时，应考虑将对贸易的消极影响减少到最低程度的目标。

5. 为实现在防止对人类生命或健康、动物和植物的生命或健康的风险方面运用适当的卫生与植物卫生保护水平的概念的一致性，每一成员应避免其认为适当的保护水平在不同的情况下存在任意或不合理的差异，如此类差异造成对国际贸易的歧视或变相限制。各成员应在委员会中进行合作，依照第 12 条第 1 款、第 2 款和第 3 款制定指南，以推动本规定的实际实施。委员会在制定指南时应考虑所有有关因素，包括人们自愿承受人身健康风险的例外特性。

6. 在不损害第3条第2款的情况下，在制定或维持卫生与植物卫生措施以实现适当的卫生与植物卫生保护水平时，各成员应保证此类措施对贸易的限制不超过为达到适当的卫生与植物卫生保护水平所要求的限度，同时考虑其技术和经济可行性①。

7. 在有关科学证据不充分的情况下，一成员可根据可获得的有关信息，包括来自有关国际组织以及其他成员实施的卫生与植物卫生措施的信息，临时采用卫生与植物卫生措施。在此种情况下，各成员应寻求获得更加客观地进行风险评估所必需的额外信息，并在合理期限内据此审议卫生与植物卫生措施。

8. 如一成员有理由认为另一成员采用或维持的特定卫生与植物卫生措施正在限制或可能限制其产品出口，且该措施不是根据有关国际标准、指南或建议制定的，或不存在此类标准、指南或建议，则可请求说明此类卫生与植物卫生措施的理由，维持该措施的成员应提供此种说明。

第6条 适应地区条件，包括适应病虫害
非疫区和低度流行区的条件

1. 各成员应保证其卫生与植物卫生措施适应产品的产地和目的地的卫生与植物卫生特点，无论该地区是一国的全部或部分地区，或几个国家的全部或部分地区。在评估一地区的卫生与植物卫生特点时，各成员应特别考虑特定病害或虫害的流行程度、是否存在根除或控制计划以及有关国际组织可能制定的适当标准或指南。

---

① 就第5条第6款而言，除非存在如下情况，否则一措施对贸易的限制不超过所要求的程度：存在从技术和经济可行性考虑可合理获得的另一措施，可实现适当的卫生与植物卫生保护水平，且对贸易的限制大大减少。

2. 各成员应特别认识到病虫害非疫区和低度流行区的概念。对这些地区的确定应根据地理、生态系统、流行病监测以及卫生与植物卫生控制的有效性等因素。

3. 声明其领土内地区属病虫害非疫区或低度流行区的出口成员，应提供必要的证据，以便向进口成员客观地证明此类地区属、且有可能继续属病虫害非疫区或低度流行区。为此，应请求，应使进口成员获得进行检查、检验及其他有关程序的合理机会。

第7条　透明度

各成员应依照附件 B 的规定通报其卫生与植物卫生措施的变更，并提供有关其卫生与植物卫生措施的资料。

第8条　控制、检查和批准程序

各成员在实施控制、检查和批准程序时，包括关于批准食品、饮料或饲料中使用添加剂或确定污染物允许量的国家制度，应遵守附件 C 的规定，并在其他方面保证其程序与本协定规定不相抵触。

第9条　技术援助

1. 各成员同意以双边形式或通过适当的国际组织便利向其他成员、特别是发展中国家成员提供技术援助。此类援助可特别针对加工技术、研究和基础设施等领域，包括建立国家管理机构，并可采取咨询、信贷、捐赠和赠予等方式，包括为寻求技术专长的目的，为使此类国家适应并符合为实现其出口市场的适当卫生与植物卫生保护水平所必需的卫生与植物卫生措施而提供的培训和设备。

2. 当发展中国家出口成员为满足进口成员的卫生与植物卫生要求而需要大量投资时，后者应考虑提供此类可使发展中国家成员维持和扩大所涉及的产品市场准入机会的技术援助。

第 10 条　特殊和差别待遇

1. 在制定和实施卫生与植物卫生措施时，各成员应考虑发展中国家成员、特别是最不发达国家成员的特殊需要。

2. 如适当的卫生与植物卫生保护水平有余地允许分阶段采用新的卫生与植物卫生措施，则应给予发展中国家成员有利害关系产品更长的时限以符合该措施，从而维持其出口机会。

3. 为保证发展中国家成员能够遵守本协定的规定，应请求，委员会有权，给予这些国家对于本协定项下全部或部分义务的特定的和有时限的例外，同时考虑其财政、贸易和发展需要。

4. 各成员应鼓励和便利发展中国家成员积极参与有关国际组织。

第 11 条　磋商和争端解决

1. 由《争端解决谅解》详述和适用的《GATT 1994》第 22 条和第 23 条的规定适用于本协定项下的磋商和争端解决，除非本协定另有具体规定。

2. 在本协定项下涉及科学或技术问题的争端中，专家组应寻求专家组与争端各方磋商后选定的专家的意见。为此，在主动或应争端双方中任何一方请求下，专家组在其认为适当时，可设立一技术专家咨询小组，或咨询有关国际组织。

3. 本协定中的任何内容不得损害各成员在其他国际协定项下的权利，包括援用其他国际组织或根据任何国际协定设立的斡旋或争端解决机制的权利。

第 12 条　管理

1. 特此设立卫生与植物卫生措施委员会，为磋商提供经常性场所。委员会应履行为实施本协定规定并促进其目标实现所必需的职能，特别是关于协调的目标。委员会应经协商一致作出决定。

2. 委员会应鼓励和便利各成员之间就特定的卫生与植物卫生问题进行不定期的磋商或谈判。委员会应鼓励所有成员使用国际标准、指南和建议。在这方面，委员会应主办技术磋商和研究，以提高在批准使用食品添加剂或确定食品、饮料或饲料中污染物允许量的国际和国家制度或方法方面的协调性和一致性。

3. 委员会应同卫生与植物卫生保护领域的有关国际组织，特别是食品法典委员会、国际兽疫局和《国际植物保护公约》秘书处保持密切联系，以获得用于管理本协定的可获得的最佳科学和技术意见，并保证避免不必要的重复工作。

4. 委员会应制定程序，以监测国际协调进程及国际标准、指南或建议的使用。为此，委员会应与有关国际组织一起，制定一份委员会认为对贸易有较大影响的与卫生与植物卫生措施有关的国际标准、指南或建议清单。在该清单中各成员应说明那些被用作进口条件或在此基础上进口产品符合这些标准即可享有对其市场准入的国际标准、指南或建议。在一成员不将国际标准、指南或建议作为进口条件的情况下，该成员应说明其中的理由，特别是它是否认为该标准不够严格，而无法提供适当的卫生与植物卫生保护水平。如一成员在其说明标准、指南或建议的使用为进口条件后改变其立场，则该成员应对其立场的改变提供说明，并通知秘书处以及有关国际组织，除非此类通知和说明已根据附件 B 中的程序作出。

5. 为避免不必要的重复，委员会可酌情决定使用通过有关国际组织实行的程序、特别是通知程序所产生的信息。

6. 委员会可根据一成员的倡议，通过适当渠道邀请有关国际组织或其附属机构审查有关特定标准、指南或建议的具体问题，包括根据第4款对不使用所作说明的依据。

7. 委员会应在《WTO 协定》生效之日后 3 年后，并在此后有需要时，对本协定的运用和实施情况进行审议。在适当时，委员会应特别考虑在本协定实施过程中所获得的经验，向货物贸易理事会提交修正本协定文本的建议。

第 13 条　实施

各成员对在本协定项下遵守其中所列所有义务负有全责。各成员应制定和实施积极的措施和机制，以支持中央政府机构以外的机构遵守本协定的规定。各成员应采取所能采取的合理措施，以保证其领土内的非政府实体以及其领土内相关实体为其成员的区域机构，符合本协定的相关规定。此外，各成员不得采取其效果具有直接或间接要求或鼓励此类区域或非政府实体、或地方政府机构以与本协定规定不一致的方式行事作用的措施。各成员应保证只有在非政府实体遵守本协定规定的前提下，方可依靠这些实体提供的服务实施卫生与植物卫生措施。

第 14 条　最后条款

对于最不发达国家成员影响进口或进口产品的卫生与植物卫生措施，这些国家可自《WTO 协定》生效之日起推迟 5 年实施本协定的规定。对于其他发展中国家成员影响进口或进口产品的现有卫生与植物卫生措施，如由于缺乏技术专长、技术基础设施或资源而妨碍实施，则这些国家可自《WTO 协定》生效之日起推迟 2 年实施本协定的规定，但第 5 条第 8款和第 7 条的规定除外。

附件 A

定义①

1. 卫生与植物卫生措施——用于下列目的的任何措施：

（a）保护成员领土内的动物或植物的生命或健康免受虫害、病害、带病有机体或致病有机体的传入、定居或传播所产生的风险；

（b）保护成员领土内的人类或动物的生命或健康免受食品、饮料或饲料中的添加剂、污染物、毒素或致病有机体所产生的风险；

（c）保护成员领土内的人类的生命或健康免受动物、植物或动植物产品携带的病害或虫害的传入、定居或传播所产生的风险；或

（d）防止或控制成员领土内因有害生物的传入、定居或传播所产生的其他损害。

卫生与植物卫生措施包括所有相关法律、法令、法规、要求和程序，特别包括：最终产品标准；工序和生产方法；检验、检查、认证和批准程序；检疫处理，包括与动物或植物运输有关的或与在运输过程中为维持动植物生存所需物质有关的要求；有关统计方法、抽样程序和风险评估方法的规定；以及与粮食安全直接有关的包装和标签要求。

2. 协调——不同成员制定、承认和实施共同的卫生与植物卫生措施。

3. 国际标准、指南和建议

（a）对于食品安全，指食品法典委员会制定的与食品添加剂、兽药和除虫剂残留、污染物、分析和抽样方法有关的标准、指南和建议，及卫生规范的守则和指南；

（b）对于动物健康和寄生虫病，指国际兽疫局主持制定的标准、指南和建议；

---

① 就这些定义而言，"动物"包括鱼和野生动物；"植物"包括森林和野生植物；"虫害"包括杂草；"污染剂"包括杀虫剂、兽药残余物和其他杂质。

（c）对于植物健康，指在《国际植物保护公约》秘书处主持下与在《国际植物保护公约》框架内运作的区域组织合作制定的国际标准、指南和建议；以及

（d）对于上述组织未涵盖的事项，指经委员会确认的、由其成员资格向所有 WTO 成员开放的其他有关国际组织公布的有关标准、指南和建议。

4. 风险评估——根据可能适用的卫生与植物卫生措施评价虫害或病害在进口成员领土内传入、定居或传播的可能性，及评价相关潜在的生物学后果和经济后果；或评价食品、饮料或饲料中存在的添加剂、污染物、毒素或致病有机体对人类或动物的健康所产生的潜在不利影响。

5. 适当的卫生与植物卫生保护水平——制定卫生与植物卫生措施以保护其领土内的人类、动物或植物的生命或健康的成员所认为适当的保护水平。

注：许多成员也称此概念为"可接受的风险水平"。

6. 病虫害非疫区——由主管机关确认的未发生特定虫害或病害的地区，无论是一国的全部或部分地区，还是几个国家的全部或部分地区。

注：病虫害非疫区可以包围一地区、被一地区包围或毗连一地区，可在一国的部分地区内，或在包括几个国家的部分或全部地理区域内，在该地区内已知发生特定虫害或病害，但已采取区域控制措施，如建立可限制或根除所涉虫害或病害的保护区、监测区和缓冲区。

7. 病虫害低度流行区——由主管机关确认的特定虫害或病害发生水平低、且已采取有效监测、控制或根除措施的地区，该地区可以是一国的全部或部分地区，也可以是几个国家的全部或部分地区。

附件 B

卫生与植物卫生法规的透明度

法规的公布

1. 各成员应保证迅速公布所有已采纳的卫生与植物卫生法规[①]，以使有利害关系的成员知晓。

2. 除紧急情况外，各成员应在卫生与植物卫生法规的公布和生效之间留出合理时间间隔，使出口成员、特别是发展中国家成员的生产者有时间使其产品和生产方法适应进口成员的要求。

咨询点

3. 每一成员应保证设立一咨询点，负责对有利害关系的成员提出的所有合理问题作出答复，并提供有关下列内容的文件：

（a）在其领土内已采用或提议的任何卫生与植物卫生法规；

（b）在其领土内实施的任何控制和检查程序、生产和检疫处理方法、杀虫剂允许量和食品添加剂批准程序；

（c）风险评估程序、考虑的因素以及适当的卫生与植物卫生保护水平的确定；

（d）成员或其领土内相关机构在国际和区域卫生与植物卫生组织和体系内，及在本协定范围内的双边和多边协定和安排中的成员资格和参与情况，及此类协定和安排的文本。

4. 各成员应保证在如有利害关系的成员索取文件副本，除递送费用外，应按向有关成员本国国民[②]提供的相同价格（如有定价）提供。

---

① 卫生与植物卫生措施包括普遍适用的法律、法令或命令。

② 本协定中所指的"国民"是指，对于 WTO 的单独关税区成员，应被视为在该关税区内定居或拥有真实有效的工业或商业机构的自然人或法人。

通知程序

5. 只要国际标准、指南或建议不存在或拟议的卫生与植物卫生法规的内容与国际标准、指南或建议的内容实质上不同，且如果该法规对其他成员的贸易有重大影响，则各成员即应：

（a）提早发布通知，以使有利害关系的成员知晓采用特定法规的建议；

（b）通过秘书处向其他成员通报法规所涵盖的产品，并对拟议法规的目的和理由作出简要说明。此类通知应在仍可进行修正和考虑提出的意见时提早作出；

（c）应请求，向其他成员提供拟议法规的副本，只要可能，应标明与国际标准、指南或建议有实质性偏离的部分；

（d）无歧视地给予其他成员合理的时间以提出书面意见，应请求讨论这些意见，并对这些书面意见和讨论的结果予以考虑。

6. 但是，如一成员面临健康保护的紧急问题或面临发生此种问题的威胁，则该成员可省略本附件第5款所列步骤中其认为有必要省略的步骤，只要该成员：

（a）立即通过秘书处向其他成员通报所涵盖的特定法规和产品，并对该法规的目标和理由作出简要说明，包括紧急问题的性质；

（b）应请求，向其他成员提供法规的副本；

（c）允许其他成员提出书面意见，应请求讨论这些意见，并对这些书面意见和讨论的结果予以考虑。

7. 提交秘书处的通报应使用英文、法文或西班牙文。

8. 如其他成员请求，发达国家成员应以英文、法文或西班牙文提供特定通报所涵盖的文件，如文件篇幅较长，则应提供此类文件的摘要。

9. 秘书处应迅速向所有成员和有利害关系的国际组织散发通报的副本，并提请发展中国家成员注意任何有关其特殊利益产品的通知。

10. 各成员应指定一中央政府机构，负责在国家一级依据本附件第5款、第6款、第7款和第8款实施有关通报程序的规定。

一般保留

11. 本协定的任何规定不得解释为要求：

（a）使用成员语文以外的语文提供草案细节或副本或公布文本内容，但本附件第8款规定的除外；或

（b）各成员披露会阻碍卫生与植物卫生立法的执行或会损害特定企业合法商业利益的机密信息。

附件 C
控制、检查和批准程序①

1. 对于检查和保证实施卫生与植物卫生措施的任何程序，各成员应保证：

（a）此类程序的实施和完成不受到不适当的迟延，且对进口产品实施的方式不严于国内同类产品；

（b）公布每一程序的标准处理期限，或应请求，告知申请人预期的处理期限；主管机构在接到申请后迅速审查文件是否齐全，并以准确和完整的方式通知申请人所有不足之处；主管机构尽快以准确和完整的方式向申请人传达程序的结果，以便在必要时采取纠正措施；即使在申请存在不足之处时，如申请人提出请求，主管机构也应尽可能继续进行该程序；以及应请求，将程序所进行的阶段通知申请人，并对任何迟延作出说明；

（c）有关信息的要求仅限于控制、检查和批准程序所必需的限度，包括批准使用添加剂或为确定食品、饮料或饲料中污染物的允许量所必

---

① 控制、检查和批准程序，特别包括抽样、检查和认证程序。

需的限度；

（d）在控制、检查和批准过程中产生的或提供的有关进口产品的信息，其机密性受到不低于本国产品的遵守，并使合法商业利益得到保护；

（e）控制、检查和批准一产品的单个样品的任何要求仅限于合理和必要的限度；

（f）因对进口产品实施上述程序而征收的任何费用与对国内同类产品或来自任何其他成员的产品所征收的费用相比是公平的，且不高于服务的实际费用；

（g）程序中所用设备的设置地点和进口产品样品的选择应使用与国内产品相同的标准，以便将申请人、进口商、出口商或其代理人的不便减少到最低程度；

（h）只要由于根据适用的法规进行控制和检查而改变产品规格，则对改变规格产品实施的程序仅限于为确定是否有足够的信心相信该产品仍符合有关规定所必需的限度；以及

（i）建立审议有关运用此类程序的投诉的程序，且当投诉合理时采取纠正措施。

如一进口成员实行批准使用食品添加剂或制定食品、饮料或饲料中污染物允许量的制度，以禁止或限制未获批准的产品进入其国内市场，则进口成员应考虑使用有关国际标准作为进入市场的依据，直到作出最后确定为止。

2. 如一卫生与植物卫生措施规定在生产阶段进行控制，则在其领土内进行有关生产的成员应提供必要协助，以便利此类控制及控制机构的工作。

3. 本协定的内容不得阻止各成员在各自领土内实施合理检查。

附录二 技术性贸易壁垒协定

各成员：

注意到乌拉圭回合多边贸易谈判；

期望促进 GATT 1994 目标的实现：

认识到国际标准和合格评定体系可以通过提高生产效率和便利国际贸易的进行而在这方面作出重要贡献；

因此期望鼓励制定此类国际标准和合格评定体系；

但是期望保证技术法规和标准，包括对包装、标志和标签的要求，以及对技术法规和标准的合格评定程序不给国际贸易制造不必要的障碍；

认识到不应阻止任何国家在其认为适当的程度内采取必要措施，保证其出口产品的质量，或保护人类、动物或植物的生命或健康及保护环境，或防止欺诈行为，但是这些措施的实施方式不得构成在情形相同的国家之间进行任意或不合理歧视的手段，或构成对国际贸易的变相限制，并应在其他方面与本协定的规定相一致；

认识到不应阻止任何国家采取必要措施以保护其基本安全利益；

认识到国际标准化在发达国家向发展中国家转让技术方面可以作出的贡献；

认识到发展中国家在制定和实施技术法规、标准及对技术法规和标准的合格评定程序方面可能遇到特殊困难，并期望对它们在这方面所作的努力给予协助；

特此协议如下：

第1条　总则

1.1　标准化和合格评定程序通用术语的含义通常应根据联合国系统和国际标准化机构所采用的定义，同时考虑其上下文并按照本协定的目的和宗旨确定。

1.2　但就本协定而言，应适用附件1中所列术语的含义。

1.3　所有产品，包括工业品和农产品，均应遵守本协定的规定。

1.4　政府机构为其生产或消费要求所制定的采购规格不受本协定规定的约束，而应根据《政府采购协定》的范围由该协定处理。

1.5　本协定的规定不适用于《实施卫生与植物卫生措施协定》附件A定义的卫生与植物卫生措施。

1.6　本协定中所指的所有技术法规、标准和合格评定程序，应理解为包括对其规则的任何修正或产品范围的任何补充，但无实质意义的修正和补充除外。

技术法规和标准
第2条　中央政府机构制定、采用和实施的技术法规

对于各自的中央政府机构：

2.1　各成员应保证在技术法规方面，给予源自任何成员领土进口的产品不低于其给予本国同类产品或来自任何其他国家同类产品的待遇。

2.2　各成员应保证技术法规的制定、采用或实施在目的或效果上均不对国际贸易造成不必要的障碍。为此目的，技术法规对贸易的限制不得超过为实现合法目标所必需的限度，同时考虑合法目标未能实现可能

造成的风险。此类合法目标特别包括：国家安全要求；防止欺诈行为；保护人类健康或安全、保护动物或植物的生命或健康及保护环境。在评估此类风险时，应考虑的相关因素特别包括：可获得的科学和技术信息、有关的加工技术或产品的预期最终用途。

2.3　如与技术法规采用有关的情况或目标已不复存在，或改变的情况或目标可采用对贸易限制较少的方式加以处理，则不得维持此类技术法规。

2.4　如需制定技术法规，而有关国际标准已经存在或即将拟就，则各成员应使用这些国际标准或其中的相关部分作为其技术法规的基础，除非这些国际标准或其中的相关部分对达到其追求的合法目标无效或不适当，例如由于基本气候因素或地理因素或基本技术问题。

2.5　应另一成员请求，一成员在制定、采用或实施可能对其他成员的贸易有重大影响的技术法规时应按照第 2 款到第 4 款的规定对其技术法规的合理性进行说明。只要出于第 2 款明确提及的合法目标之一并依照有关国际标准制定、采用和实施的技术法规，即均应予以作出未对国际贸易造成不必要障碍的可予驳回的推定。

2.6　为在尽可能广泛的基础上协调技术法规，各成员应在其力所能及的范围内充分参与有关国际标准化机构就各自已采用或准备采用的技术法规所涵盖的产品制定国际标准的工作。

2.7　各成员应积极考虑将其他成员的技术法规作为等效法规加以接受，即使这些法规不同于自己的法规，只要它们确信这些法规足以实现与自己的法规相同的目标。

2.8　只要适当，各成员即应按照产品的性能而不是按照其设计或描述特征来制定技术法规。

2.9　只要不存在有关国际标准或拟议的技术法规中的技术内容与有关国际标准中的技术内容不一致，且如果该技术法规可能对其他成员的贸易有重大影响，则各成员即应：

2.9.1　在早期适当阶段，以能够使其他成员中的利害关系方知晓的方式，在出版物上发布有关提议采用某一特定技术法规的通知；

2.9.2　通过秘书处通知其他成员拟议的法规所涵盖的产品，并对拟议的法规的目的和理由作出简要说明。此类通知应在早期适当阶段作出，以便进行修正和考虑提出的意见；

2.9.3　应请求，向其他成员提供拟议的技术法规的细节或副本，只要可能，即应确认与有关国际标准有实质性偏离的部分；

2.9.4　无歧视地给予其他成员合理的时间以提出书面意见，应请求讨论这些意见，并对这些书面意见和讨论的结果予以考虑。

2.10　在遵守第9款引言部分规定的前提下，如一成员面临涉及安全、健康、环境保护或国家安全等紧急问题或面临发生此类问题的威胁，则该成员可省略第9款所列步骤中其认为有必要省略的步骤，但是该成员在采用技术法规时应：

2.10.1　立即通过秘书处将特定技术法规及其涵盖的产品通知其他成员，并对该技术法规的目的和理由作出简要说明，包括紧急问题的性质；

2.10.2　应请求，向其他成员提供该技术法规的副本；

2.10.3　无歧视地给予其他成员合理的时间以提出书面意见，应请求讨论这些意见，并对这些书面意见和讨论的结果予以考虑。

2.11　各成员应保证迅速公布已采用的所有技术法规，或以可使其他成员中的利害关系方知晓的其他方式提供。

2.12　除第10款所指的紧急情况外，各成员应在技术法规的公布和生效之间留出合理时间间隔，使出口成员、特别是发展中国家成员的生产者有时间使其产品和生产方法适应进口成员的要求。

第 3 条　地方政府机构和非政府机构制定、采用和实施的技术法规

对于各自领土内的地方政府和非政府机构：

3.1　各成员应采取其所能采取的合理措施，保证此类机构遵守第 2 条的规定，但第 2 条第 9.2 款和第 10.1 款所指的通知义务除外。

3.2　各成员应保证依照第 2 条第 9.2 款和第 10.1 款的规定对直属中央政府的地方政府的技术法规作出通知，同时注意到内容与有关成员中央政府以往通知的技术法规的技术内容实质相同的地方技术法规不需作出通知。

3.3　各成员可要求与其他成员的联系通过中央政府进行，包括第 2 条第 9 款和第 10 款所指的通知、提供信息、提出意见和进行讨论。

3.4　各成员不得采取要求或鼓励其领土内的地方政府机构或非政府机构以与第 2 条规定不一致的方式行事的措施。

3.5　在本协定项下，各成员对遵守第 2 条的所有规定负有全责。各成员应制定和实施积极的措施和机制，以支持中央政府机构以外的机构遵守第 2 条的规定。

第 4 条　标准的制定、采用和实施

4.1　各成员应保证其中央政府标准化机构接受并遵守本协定附件 3 中的《关于制定、采用和实施标准的良好行为规范》（本协定中称"《良好行为规范》"）。它们应采取其所能采取的合理措施，保证其领土内的地方政府和非政府标准化机构，以及它们参加的或其领土内一个或多个机构参加的区域标准化组织接受并遵守该《良好行为规范》。此外，成员不得采取直接或间接要求或鼓励此类标准化机构以与《良好行为规范》不一致的方式行事的措施。各成员关于标准化机构遵守《良好行为规范》

规定的义务应予履行，无论一标准化组织是否已接受《良好行为规范》。

4.2　对于已接受并遵守《良好行为规范》的标准化机构，各成员应承认其遵守本协定的原则。

符合技术法规和标准
第5条　中央政府机构的合格评定程序

5.1　各成员应保证，在需要切实保证符合技术法规或标准时，其中央政府机构对源自其他成员领土内的产品适用下列规定：

5.1.1　合格评定程序的制定、采用和实施，应在可比的情况下以不低于给予本国同类产品的供应商或源自任何其他国家同类产品的供应商的条件，使源自其他成员领土内产品的供应商获得准入；此准入使产品供应商有权根据该程序的规则获得合格评定，包括在该程序可预见时，在设备现场进行合格评定并能得到该合格评定体系的标志；

5.1.2　合格评定程序的制定、采用或实施在目的和效果上不应对国际贸易造成不必要的障碍。此点特别意味着：合格评定程序或其实施方式不得比给予进口成员对产品符合适用的技术法规或标准所必需的足够信任更为严格，同时考虑不符合技术法规或标准可能造成的风险。

5.2　在实施第1款的规定时，各成员应保证：

5.2.1　合格评定程序尽可能迅速的进行和完成，并在顺序上给予源自其他成员领土内的产品不低于本国同类产品的待遇；

5.2.2　公布每一合格评定程序的标准处理时限，或应请求，告知申请人预期的处理时限；主管机构在收到申请后迅速审查文件是否齐全，并以准确和完整的方式通知申请人所有不足之处；主管机构尽快以准确和完整的方式向申请人传达评定结果，以便申请人在必要时采取纠正措施；即使在申请存在不足之处时，如申请人提出请求，主管机构也应尽可能继续进行合格评定；以及应请求，通知申请人程序进行的阶段，并对任何迟延进行说明；

5.2.3 对信息的要求仅限于合格评定和确定费用所必需的限度；

5.2.4 由此类合格评定程序产生或提供的与其有关的源自其他成员领土内产品的信息，其机密性受到与本国产品同样的遵守，其合法商业利益得到与本国产品相同的保护；

5.2.5 对源自其他成员领土内的产品进行合格评定所征收的任何费用与对本国或源自任何其他国家的同类产品所征收的费用相比是公平的，同时考虑因申请人与评定机构所在地不同而产生的通讯、运输及其他费用；

5.2.6 合格评定程序所用设备的设置地点及样品的提取不致给申请人或其代理人造成不必要的不便；

5.2.7 只要在对一产品是否符合适用的技术法规或标准作出确定后改变其规格，则对改变规格产品的合格评定程序即仅限于为确定对该产品仍符合有关技术法规或标准是否有足够的信任所必需的限度；

5.2.8 建立一程序，以审查有关实施合格评定程序的投诉，且当一投诉被证明属合理时采取纠正措施。

5.3 第 1 款和第 2 款的任何规定均不得阻止各成员在其领土内进行合理的现场检查。

5.4 如需切实保证产品符合技术法规或标准、且国际标准化机构发布的相关指南或建议已经存在或即将拟就，则各成员应保证中央政府机构使用这些指南或建议或其中的相关部分，作为其合格评定程序的基础，除非应请求作出适当说明，指出此类指南、建议或其中的相关部分特别由于如下原因而不适合于有关成员：国家安全要求；防止欺诈行为；保护人类健康或安全、保护动物或植物生命或健康及保护环境；基本气候因素或其他地理因素；基本技术问题或基础设施问题。

5.5 为在尽可能广泛的基础上协调合格评定程序，各成员应在力所能及的范围内充分参与有关国际标准化机构制定合格评定程序指南和建议的工作。

5.6　只要不存在国际标准化机构发布的相关指南或建议，或拟议的合格评定程序的技术内容与国际标准化机构发布的相关指南或建议不一致，并且此合格评定程序可能对其他成员的贸易产生重大影响，则各成员即应：

5.6.1　在早期适当阶段，以能够使其他成员中的利害关系方知晓的方式，在出版物上发布有关提议采用的特定合格评定程序的通知；

5.6.2　通过秘书处通知其他成员拟议的合格评定程序所涵盖的产品，并对该程序的目的和理由作出简要说明。此类通知应在早期适当阶段作出，以便仍可进行修正和考虑提出的意见；

5.6.3　应请求，向其他成员提供拟议的程序的细节或副本，只要可能，即应确认与有关国际标准化机构发布的指南或建议有实质性偏离的部分；

5.6.4　无歧视地给予其他成员合理的时间以提出书面意见，应请求讨论这些意见，并对这些书面意见和讨论的结果予以考虑。

5.7　在遵守第6款引言部分规定的前提下，如一成员面临涉及安全、健康、环境保护或国家安全等紧急问题或面临发生此类问题的威胁，则该成员可省略第6款所列步骤中其认为有必要省略的步骤，但该成员在采用该程序时应：

5.7.1　立即通过秘书处将特定程序及其涵盖的产品通知其他成员，并对该程序的目的和理由作出简要说明，包括紧急问题的性质；

5.7.2　应请求，向其他成员提供该程序规则的副本；

5.7.3　无歧视地给予其他成员合理的时间以提出书面意见，应请求讨论这些意见，并对这些书面意见和讨论的结果予以考虑。

5.8　各成员应保证迅速公布已采用的所有合格评定程序，或以可使其他成员中的利害关系方知晓的其他方式提供。

5.9 除第7款提及的紧急情况外，各成员应在有关合格评定程序要求的公布和生效之间留出合理时间间隔，使出口成员、特别是发展中国家成员的生产者有时间使其产品和生产方法适应进口成员的要求。

第6条 中央政府机构对合格评定的承认

对于各自的中央政府机构：

6.1 在不损害第3款和第4款规定的情况下，各成员应保证，只要可能，即接受其他成员合格评定程序的结果，即使这些程序不同于它们自己的程序，只要它们确信这些程序与其自己的程序相比同样可以保证产品符合有关技术法规或标准。各方认识到可能需要进行事先磋商，以便就有关事项达成相互满意的谅解，特别是关于：

6.1.1 出口成员的有关合格评定机构的适当和持久的技术资格，以保证其合格评定结果的持续可靠性得到信任；在这方面，应考虑通过认可等方法核实其遵守国际标准化机构发布的相关指南或建议，作为拥有适当技术资格的一种表示；

6.1.2 关于接受该出口成员指定机构出具的合格评定结果的限制。

6.2 各成员应保证其合格评定程序尽可能允许第1款的规定得到实施。

6.3 鼓励各成员应其他成员请求，就达成相互承认合格评定程序结果的协议进行谈判。成员可要求此类协议满足第1款的标准，并在便利有关产品贸易的可能性方面使双方满意。

6.4 鼓励各成员以不低于给予自己领土内或任何其他国家领土内合格评定机构的条件，允许其他成员领土内的合格评定机构参加其合格评定程序。

第7条　地方政府机构的合格评定程序

对于各自领土内的地方政府机构：

7.1　各成员应采取其所能采取的合理措施，保证此类机构符合第5条和第6条的规定，但第5条第6.2款和第7.1款所指的通知义务除外。

7.2　各成员应保证依照第5条第6.2款和第7.1款的规定对直属中央政府的地方政府的合格评定程序作出通知，同时注意到内容与有关成员中央政府以往通知的合格评定程序的技术内容实质相同的合格评定程序不需作出通知。

7.3　各成员可要求与其他成员联系通过中央政府进行，包括第5条第6款和第7款所指的通知、提供信息、提出意见和进行讨论。

7.4　各成员不得采取要求或鼓励其领土内的地方政府机构以与第5条和第6条规定不一致的方式行事的措施。

7.5　在本协定项下，各成员对遵守第5条和第6条的所有规定负有全责。各成员应制定和实施积极的措施和机制，以支持中央政府机构以外的机构遵守第5条和第6条的规定。

第8条　非政府机构的合格评定程序

8.1　各成员应采取其所能采取的合理措施，保证其领土内实施合格评定程序的非政府机构遵守第5条和第6条的规定，但关于通知拟议的合格评定程序的义务除外。此外，各成员不得采取具有直接或间接要求或鼓励此类机构以与第5条和第6条规定不一致的方式行事的效果的措施。

8.2　各成员应保证只有在非政府机构遵守第5条和第6条规定的情况下，其中央政府机构方可依靠这些机构实施的合格评定程序，但关于通知拟议的合格评定程序的义务除外。

第9条　国际和区域体系

9.1　如需要切实保证符合技术法规或标准，只要可行，各成员即应制定和采用国际合格评定体系并作为该体系成员或参与该体系。

9.2　各成员应采取其所能采取的合理措施，保证其领土内的相关机构加入或参与的国际和区域合格评定体系遵守第5条和第6条的规定。此外，各成员不得采取任何具有直接或间接要求或鼓励此类体系以与第5条和第6条规定不一致的方式行事的效果的措施。

9.3　各成员应保证只有在国际或区域合格评定体系遵守适用的第5条和第6条规定的情况下，其中央政府机构方可依靠这些体系。

信息和援助
第10条　关于技术法规、标准和合格评定程序的信息

10.1　每一成员应保证设立咨询点，能够回答其他成员和其他成员中的利害关系方提出的所有合理询问，并提供有关下列内容的文件：

10.1.1　中央或地方政府机构、有执行技术法规法定权力的非政府机构、或此类机构加入或参与的区域标准化机构在其领土内采用或拟议的任何技术法规；

10.1.2　中央或地方政府机构、此类机构加入或参与的区域标准化机构在其领土内采用或拟议的任何标准；

10.1.3　中央或地方政府机构、或有执行技术法规法定权力的非政府机构，或此类机构加入或参与的区域机构在其领土内实施的任何或拟议的合格评定程序；

10.1.4　成员或其领土内中央或地方政府机构加入或参与国际和区域标准化机构和合格评定体系的情况，及参加本协定范围内的双边和多边安排的情况；并应能提供关于此类体系和安排的规定的合理信息；

10.1.5　按照本协定发布通知的地点，或提供关于何处可获得此类信息的信息；以及

10.1.6　第3款所述咨询点的地点。

10.2　但是如一成员因法律或行政原因设立一个以上的咨询点，则该成员应向其他成员提供关于每一咨询点职责范围的完整和明确的信息。此外，该成员应保证送错咨询点的任何询问应迅速转交正确的咨询点。

10.3　每一成员均应采取其所能采取的合理措施，保证设立一个或一个以上的咨询点，能够回答其他成员和其他成员中的利害关系方提出的所有合理询问，并提供有关下列内容的文件或关于从何处获得这些文件的信息：

10.3.1　非政府标准化机构或此类机构加入或参与的区域标准化机构在其领土内采取或拟议的任何标准；

10.3.2　非政府机构或此类机构加入或参与的区域机构在其领土内实施的任何合格评定程序或拟议的合格评定程序；

10.3.3　其领土内非政府机构加入或参与国际和区域标准化机构和合格评定体系的情况，以及参加在本协定范围内的双边和多边安排的情况；并应能提供关于此类体系和安排的规定的合理信息。

10.4　各成员应采取其所能采取的合理措施，保证如其他成员或其他成员中的利害关系方依照本协定的规定索取文件副本，除递送费用外，应按向有关成员本国或任何其他成员国民①提供的相同价格（如有定价）提供。

10.5　如其他成员请求，发达国家成员应以英文、法文或西班牙文提供特定通知所涵盖的文件，如文件篇幅较长，则应提供此类文件的摘要。

---

①　本协定中所指的"国民"一词，对于WTO的单独关税区成员，应被视为在该关税区内定居或拥有真实有效的工业或商业机构的自然人或法人。

10.6　秘书处在依照本协定的规定收到通知后，应迅速向所有成员
和有利害关系的国际标准化和合格评定机构散发通知的副本，并提请发
展中国家成员注意任何有关其特殊利益产品的通知。

10.7　只要一成员与一个或多个任何其他国家就与技术法规、标准
或合格评定程序有关的问题达成可能对贸易有重大影响的协议，则至少
一名属该协议参加方的成员即应通过秘书处通知其他成员该协议所涵盖
的产品，包括对该协议的简要说明。鼓励有关成员应请求与其他成员进
行磋商，以达成类似的协议或为参加此类协议作出安排。

10.8　本协定的任何内容不得解释为要求：

10.8.1　使用成员语文以外的语文出版文本；

10.8.2　使用成员语文以外的语文提供草案细节或草案的副本，但
第 5 款规定的除外；或

10.8.3　各成员提供它们认为披露后会违背其基本安全利益的任何
信息。

10.9　提交秘书处的通知应使用英文、法文或西班牙文。

10.10　各成员应指定一中央政府机构，负责在国家一级实施本协定
关于通知程序的规定，但附件 3 中的规定除外。

10.11　但是如由于法律或行政原因，通知程序由中央政府的两个或
两个以上主管机关共同负责，则有关成员应向其他成员提供关于每一机
关职责范围的完整和明确的信息。

第 11 条　对其他成员的技术援助

11.1　如收到请求，各成员应就技术法规的制定向其他成员、特别
是发展中国家成员提供建议。

11.2　如收到请求，各成员应就建立国家标准化机构和参加国际标
准化机构的问题向其他成员、特别是发展中国家成员提供建议，并按双

方同意的条款和条件给予它们技术援助，还应鼓励本国标准化机构采取同样的做法。

11.3　如收到请求，各成员应采取其所能采取的合理措施，安排其领土内的管理机构向其他成员、特别是发展中国家成员提供建议，并按双方同意的条款和条件就下列内容给予它们技术援助：

11.3.1　建立管理机构或技术法规的合格评定机构；

11.3.2　能够最好地满足其技术法规的方法。

11.4　如收到请求，各成员应采取其所能采取的合理措施，安排向其他成员、特别是发展中国家成员提供建议，并就在提出请求的成员领土内建立已采用标准的合格评定机构的问题，按双方同意的条款和条件给予它们技术援助。

11.5　如收到请求，各成员应向其他成员、特别是发展中国家成员提供建议，并就这些成员的生产者如希望利用收到请求的成员领土内的政府机构或非政府机构实施的合格评定体系所应采取步骤的问题，按双方同意的条款和条件给予它们技术援助。

11.6　如收到请求，加入或参与国际或区域合格评定体系的成员应向其他成员、特别是发展中国家成员提供建议，并就建立机构和法律体制以便能够履行因加入或参与此类体系而承担义务的问题，按双方同意的条款和条件给予它们技术援助。

11.7　如收到请求，各成员应鼓励其领土内加入或参与国际或区域合格评定体系的机构向其他成员、特别是发展中国家成员提供建议，并就建立机构以使其领土内的有关机构能够履行因加入或参与而承担义务的问题，考虑它们提出的关于提供技术援助的请求。

11.8　在根据第1款向其他成员提供建议和技术援助时，各成员应优先考虑最不发达国家成员的需要。

第 12 条　对发展中国家成员的特殊和差别待遇

12.1　各成员应通过下列规定和本协定其他条款的相关规定，对参加本协定的发展中国家成员提供差别和更优惠待遇。

12.2　各成员应特别注意本协定有关发展中国家成员的权利和义务的规定，并应在执行本协定时，包括在国内和在运用本协定的机构安排时，考虑发展中国家成员特殊的发展、财政和贸易需要。

12.3　各成员在制定和实施技术法规、标准和合格评定程序时，应考虑各发展中国家成员特殊的发展、财政和贸易需要，以保证此类技术法规、标准和合格评定程序不对发展中国家成员的出口造成不必要的障碍。

12.4　各成员认识到，虽然可能存在国际标准、指南和建议，但是在其特殊的技术和社会经济条件下，发展中国家成员可采用某些技术法规、标准或合格评定程序，旨在保护与其发展需要相适应的本国技术、生产方法和工艺。因此，各成员认识到不应期望发展中国家成员使用不适合其发展、财政和贸易需要的国际标准作为其技术法规或标准、包括试验方法的依据。

12.5　各成员应采取其所能采取的合理措施，以保证国际标准化机构和国际合格评定体系的组织和运作方式便利所有成员的有关机构积极和有代表性地参与，同时考虑发展中国家的特殊问题。

12.6　各成员应采取其所能采取的合理措施，以保证国际标准化机构应发展中国家成员的请求，审查对发展中国家成员有特殊利益产品制定国际标准的可能性，并在可行时制定这些标准。

12.7　各成员应依照第 11 条的规定，向发展中国家成员提供技术援助，以保证技术法规、标准和合格评定程序的制定和实施不对发展中国家成员出口的扩大和多样化造成不必要的障碍。在确定技术援助的条款和条件时，应考虑提出请求的成员、特别是最不发达国家成员所处的发展阶段。

12.8　各方认识到发展中国家成员在制定和实施技术法规、标准和合格评定程序方面可能面临特殊问题，包括机构和基础设施问题。各方进一步认识到发展中国家成员特殊的发展和贸易需要以及它们所处的技术发展阶段可能会妨碍它们充分履行本协定项下义务的能力。因此，各成员应充分考虑此事实。为此，为保证发展中国家成员能够遵守本协定，授权根据本协定第 13 条设立的技术性贸易壁垒委员会（本协定中称"委员会"），应请求，就本协定项下全部或部分义务给予特定的、有时限的例外。在审议此类请求时，委员会应考虑发展中国家成员在技术法规、标准和合格评定程序的制定和实施方面的特殊问题、它们特殊的发展和贸易需要以及所处的技术发展阶段，这些均可妨碍它们充分履行本协定项下义务的能力。委员会应特别考虑最不发达国家成员的特殊问题。

12.9　在磋商过程中，发达国家成员应记住发展中国家成员在制定和实施标准、技术法规和合格评定程序过程中遇到的特殊困难，为帮助发展中国家成员在这方面的努力，发达国家成员应考虑前者特殊的财政、贸易和发展需要。

12.10　委员会应定期审议本协定制定的在国家和国际各级给予发展中国家的特殊和差别待遇。

机构、磋商和争端解决
第 13 条　技术性贸易壁垒委员会

13.1　特此设立技术性贸易壁垒委员会，由每一成员的代表组成。委员会应选举自己的主席，并应在必要时召开会议，但每年应至少召开一次会议，为各成员提供机会，就与本协定的运用或促进其目的的实现有关的事项进行磋商，委员会应履行本协定或各成员所指定的职责。

13.2 委员会设立工作组或其他适当机构，以履行委员会依照本协定相关规定指定的职责。

13.3 各方理解，应避免本协定项下的工作与政府在其他技术机构中的工作造成不必要的重复。委员会应审查此问题，以期将此种重复减少到最低限度。

第 14 条 磋商和争端解决

14.1 就影响本协定运用的任何事项的磋商和争端解决应在争端解决机构的主持下进行，并应遵循由《争端解决谅解》详述和适用的 GATT 1994 第 22 条和第 23 条的规定，但应在细节上作必要修改。

14.2 专家组可自行或应一争端方请求，设立技术专家小组，就需要由专家详细研究的技术性问题提供协助。

14.3 技术专家小组应按附件 2 的程序管理。

14.4 如一成员认为另一成员未能根据第 3 条、第 4 条、第 7 条、第 8 条和第 9 条取得令人满意的结果，且其贸易利益受到严重影响，则可援引上述争端解决的规定。在这方面，此类结果应等同于如同在所涉机构为一成员时达成的结果。

最后条款
第 15 条 最后条款

保留

15.1 未经其他成员同意，不得对本协定的任何条款提出保留。

审议

15.2 每一成员应在《WTO 协定》对其生效之日后，迅速通知委员会已有或已采取的保证本协定实施和管理的措施。此后，此类措施的任何变更也应通知委员会。

15.3 委员会应每年对本协定实施和运用的情况进行审议，同时考虑本协定的目标。

15.4 在不迟于《WTO 协定》生效之日起的第 3 年年末及此后每 3 年期期末，委员会应审议本协定的运用和实施情况，包括与透明度有关的规定，以期在不损害第 12 条规定及为保证相互经济利益和权利与义务的平衡所必要的情况下，提出调整本协定项下权利和义务的建议。委员会应特别注意在实施本协定过程中所取得的经验，酌情向货物贸易理事会提出修正本协定文本的建议。

附件

15.5 本协定的附件构成本协定的组成部分。

附件 1：
本协定中的术语及其定义

国际标准化组织国际电工委员会（ISOIEC）指南 2 第 6 版：1991 年，《关于标准化及相关活动的一般术语及其定义》中列出的术语，如在本协定中使用，其含义应与上述指南中给出的定义相同，但应考虑服务业不属于本协定的范围。

但是就本协定而言，应适用下列定义：

1. 技术法规

规定强制执行的产品特性或其相关工艺和生产方法、包括适用的管理规定在内的文件。该文件还可包括或专门关于适用于产品、工艺或生产方法的专门术语、符号、包装、标志或标签要求。

解释性说明

ISOIEC 指南 2 中的定义未采用完整定义方式，而是建立在所谓"板块"系统之上的。

2. 标准

经公认机构批准的、规定非强制执行的、供通用或重复使用的产品或相关工艺和生产方法的规则、指南或特性的文件。该文件还可包括或专门关于适用于产品、工艺或生产方法的专门术语、符号、包装、标志或标签要求。

解释性说明

ISOIEC 指南 2 中定义的术语涵盖产品、工艺和服务。本协定只涉及与产品或工艺和生产方法有关的技术法规、标准和合格评定程序。ISOI-EC 指南 2 中定义的标准可以是强制性的，也可以是自愿的。就本协定而言，标准被定义为自愿的，技术法规被定义为强制性文件。国际标准化团体制定的标准是建立在协商一致基础之上的。本协定还涵盖不是建立在协商一致基础之上的文件。

3. 合格评定程序

任何直接或间接用以确定是否满足技术法规或标准中的相关要求的程序。

解释性说明

合格评定程序特别包括：抽样、检验和检查；评估、验证和合格保证；注册、认可和批准以及各项的组合。

4. 国际机构或体系

成员资格至少对所有成员的有关机构开放的机构或体系。

5. 区域机构或体系

成员资格仅对部分成员的有关机构开放的机构或体系。

6. 中央政府机构

中央政府、中央政府各部和各部门或所涉活动受中央政府控制的任何机构。

解释性说明

对于欧洲共同体，适用有关中央政府机构的规定。但是，欧洲共同体内部可建立区域机构或合格评定体系，在此种情况下，应遵守本协定关于区域机构或合格评定体系的规定。

7. 地方政府机构

中央政府机构以外的政府机构（如州、省、地、郡、县、市等），其各部或各部门或所涉活动受此类政府控制的任何机构。

8. 非政府机构

中央政府机构和地方政府机构以外的机构，包括有执行技术法规的法定权力的非政府机构。

附件 2：
技术专家小组

下列程序适用于依照第 14 条的规定设立的技术专家小组。

1. 技术专家小组受专家组的管辖。其职权范围和具体工作程序应由专家组决定，并应向专家组报告。

2. 参加技术专家小组的人员仅限于在所设领域具有专业名望和经验的个人。

3. 未经争端各方一致同意，争端各方的公民不得在技术专家小组中任职，除非在例外情况下专家组认为非其参加不能满足在特定科学知识方面的需要。争端各方的政府官员不得在技术专家小组中任职。技术专家小组成员应以个人身份任职，不得作为政府代表，也不得作为任何组织的代表。因此，政府或组织不得就技术专家小组处理的事项向其成员发出指示。

4. 技术专家小组可向其认为适当的任何来源进行咨询及寻求信息和技术建议。在技术专家小组向在一成员管辖范围内的来源寻求此类信息或建议之前，应通知该成员政府。任何成员应迅速和全面地答复技术专家小组提出的提供其认为必要和适当信息的任何请求。

5. 争端各方应可获得提供给技术专家小组的所有有关信息，除非信息属机密性质。对于向技术专家小组提供的机密信息，未经提供该信息的政府、组织或个人的正式授权不得发布。如要求从技术专家小组处获得此类信息，而技术专家小组未获准发布此类信息，则提供该信息的政府、组织或个人将提供该信息的非机密摘要。

6. 技术专家小组应向有关成员提供报告草案，以期征求它们的意见，并酌情在最终报告中考虑这些意见，最终报告在提交专家组时也应散发有关成员。

附件3：
关于制定、采用和实施标准的良好行为规范

总则

A. 就本规范而言，应适用本协定附件1中的定义。

B. 本规范对下列机构开放供接受：WTO一成员领土内的任何标准化机构，无论是中央政府机构、地方政府机构，还是非政府机构；一个或多个成员为WTO成员的任何政府区域标准化机构；以及一个或多个成员位于WTO一成员领土内的任何非政府区域标准化机构（本规范中称"标准化机构"）。

C. 接受和退出本规范的标准化机构，应将该事实通知设在日内瓦的ISOIEC信息中心。通知应包括有关机构的名称和地址及现在和预期的标准化活动的范围。通知可直接送交ISOIEC信息中心，或酌情通过ISOIEC的国家成员机构，或最好通过ISONET的相关国家成员或国际分支机构。

实质性规定

D. 在标准方面，标准化机构给予源自WTO任何其他成员领土产品

的待遇不得低于给予本国同类产品和源自任何其他国家同类产品的待遇。

E. 标准化机构应保证不制定、不采用或不实施在目的或效果上给国际贸易制造不必要障碍的标准。

F. 如国际标准已经存在或即将拟就，标准化机构应使用这些标准或其中的相关部分作为其制定标准的基础，除非此类国际标准或其中的相关部分无效或不适当，例如由于保护程度不足，或基本气候或地理因素或基本技术问题。

G. 为在尽可能广泛的基础上协调标准，标准化机构应以适当方式，在力所能及的范围内，充分参与有关国际标准化机构就其已采用或预期采用标准的主题制定国际标准的工作。对于一成员领土内的标准化机构，只要可能，即应通过一代表团参与一特定国际标准化活动，该代表团代表已采用或预期采用主题与国际标准化活动有关的标准的该成员领土内所有标准化机构。

H. 一成员领土内的标准化机构应尽一切努力，避免与领土内其他标准化机构的工作或与有关国际或区域标准化机构的工作发生重复或重叠。它们还应尽一切努力就其制定的标准在国内形成协商一致。同样，区域标准化机构也应尽一切努力避免与有关国际标准化机构的工作发生重复或重叠。

I. 只要适当，标准化机构即应按产品的性能而不是设计或描述特征制定以产品要求为基础的标准。

J. 标准化机构应至少每 6 个月公布一次工作计划，包括其名称和地址、正在制定的标准及前一时期已采用的标准。标准的制定过程自作出制定标准的决定时起至标准被采用时止。应请求，应以英文、法文或西班牙文提供具体标准草案的标题。有关工作计划建立的通知应在国家或在区域（视情况而定）标准化活动出版物上予以公布。

应依照国际标准化组织信息网的任何规则，在工作计划中标明每一标准与主题相关的分类、标准制定过程已达到的阶段以及引以为据的国际标准。各标准化机构应至迟于公布其工作计划时，向设在日内瓦的 ISOIEC 信息中心通知该工作计划的建立。

通知应包括标准化机构的名称和地址、公布工作计划的出版物的名称和期号、工作计划适用的期限、出版物的价格（如有定价）以及获得出版物的方法和地点。通知可直接送交 ISOIEC 信息中心，或最好酌情通过国际标准化组织信息网的相关国家成员或国际分支机构。

K. ISOIEC 的国家成员应尽一切努力成为 ISONET 的成员或指定另一机构成为其成员，并争取获得 ISONET 成员所能获得的最高级类型的成员资格。其他标准化机构应尽一切努力与 ISONET 成员建立联系。

L. 在采用一标准前，标准化机构应给予至少 60 天的时间供 WTO—成员领土内的利害关系方就标准草案提出意见。但在出现有关安全、健康或环境的紧急问题或出现此种威胁的情况下，上述期限可以缩短。标准化机构应不迟于征求意见期开始时，在 J 款提及的出版物上发布关于征求意见期的通知。该通知应尽可能说明标准草案是否偏离有关国际标准。

M. 应 WTO—成员领土内任何利害关系方请求，标准化机构应迅速提供或安排提供一份供征求意见的标准草案副本。除实际递送费用外，此项服务的收费对国内外各方应相同。

N. 标准化机构在进一步制定标准时，应考虑在征求意见期内收到的意见。如收到请求，应尽可能迅速地对通过已接受本《良好行为规范》的标准化机构收到的意见予以答复。答复应包括对该标准偏离有关国际标准必要性的说明。

O. 标准一经采用，即应迅速予以公布。

P. 应 WTO—成员领土内任何利害关系方请求，标准化机构应迅速提供或安排提供一份最近工作计划或其制定标准的副本。除实际递送费用外，此项服务的收费对国内外各方应相同。

Q. 标准化机构对已接受本《良好行为规范》的标准化机构就本规范的实施提出的交涉，应给予积极考虑并提供充分的机会应此进行磋商。并应为解决任何投诉作出客观努力。

参考文献

［1］钱永忠，郭林宇．农产品技术性贸易措施热点问题与案例研究［M］．北京：中国标准出版社，2021．

［2］戚亚梅，郭林宇．农产品技术性贸易措施规则与应对［M］．北京：中国标准出版社，2018．

［3］李忠榜．让中国丰富世界餐桌：出口农产品技术性贸易措施研究［M］．北京：中国农业出版社，2015．

［4］马述忠，陈敏．对华农产品不公平贸易政府行为及救济体系研究［M］．杭州：浙江大学出版社，2008．

［5］陈秀娟．技术性贸易壁垒对中国外贸影响及对策研究［M］．北京：经济科学出版社，2020．

［6］金德有，韩建平．中国应对技术性贸易壁垒策略［M］．北京：中国标准出版社，2005．

［7］农业农村部国际合作司，农业农村部农业贸易促进中心．中国农产品贸易发展报告［M］．北京：中国农业出版社，2023．

［8］世界贸易组织．技术性贸易壁垒协定［Z］．1994．

［9］周晓翠，姜雯，滕翔雁．OIE陆生动物卫生法典［M］．北京：中国农业出版社，2020．

［10］陈志钢，宋海英，董银果，王鑫鑫．中国农产品贸易与 SPS 措施：贸易模式、影响程度及应对策略分析［M］．杭州：浙江大学出版社，2011.

［11］联合国贸易和发展会议．非关税措施面面观［M］．联合国贸易和发展会议引发的联合国出版物，2022.

［12］何鹰．对外贸易中的技术性贸易措施法律问题研究［M］．法律出版社，2006.

［13］都亳．WTO 产业补贴规则的改革与中国应对［J］．武大国际法评论，2022，6（03）：63-80.

［14］杨洪媛．农产品技术性贸易措施实施状况及应对研究［D］．北京：中国农业科学院，2008.

［15］王泽惠．农产品技术性贸易措施研究［D］．南京：南京农业大学，2009.

［16］刘健西．贸易自由化进程中的农产品贸易壁垒：演进与发展［J］．农村经济，2019（08）：111-118.

［17］李祎雯，张兵，金颖．主要国家非关税贸易壁垒对我国农产品出口的影响分析［J］．价格月刊，2018（01）：52-59.

［18］刘林蔚．技术性贸易壁垒对我国农产品出口的影响研究［D］．北京：北京理工大学，2016.

［19］张旭．欧盟非关税壁垒对中国出口企业影响的实证分析［D］．广州：暨南大学，2021.

［20］黄艺．美国主要非关税壁垒对中国农产品出口的影响［D］．成都：西南财经大学，2020.

［21］温耀庆．主要发达国家 TBT 中技术法规和标准［J］．世界贸易组织动态与研究，2002（02）：20-24.

［22］吕宏．发达国家在农产品贸易中使用 TBT 的主要做法及启示

[J]. 世界农业，2003（09）：4-6.

[23] 邓叶，余康．非关税壁垒对中国农产品出口贸易影响研究综述[J]. 兰州工业学院学报，2022，29（01）：93-100.

[24] 卡哈尔·阿不拉．中国与中亚国家农产品贸易供应链绩效评价及提升路径研究［D].乌鲁木齐：新疆农业大学，2022.

[25] 金夷．农业国际合作模式研究［D].北京：对外经济贸易大学，2022.

[26] 于爱芝，周建军，张蕙杰．我国小宗农产品国际贸易现状与趋势分析［J].中国农业资源与区划，2020，41（08）：110-120.

[27] 朱晶，李天祥，林大燕．开放进程中的中国农产品贸易：发展历程、问题挑战与政策选择［J].农业经济问题，2018（12）：19-32.

[28] 程国强．中国农产品出口：增长、结构与贡献［J].管理世界，2004（11）：85-96.

[29] 屈小博，霍学喜．我国农产品出口结构与竞争力的实证分析[J]. 国际贸易问题，2007（03）：9-15.

[30] 徐睿霞．中国农产品技术性贸易壁垒问题研究［D].成都：西南政法大学，2008.

[31] 王轶南．多边贸易体制下中国应对非关税壁垒问题研究［D].哈尔滨：东北林业大学，2007.

[32] 田云华．中国进口非关税措施（NTMs）的现状、特征及其对进口表现的影响［D].北京：对外经济贸易大学，2016.

[33] 马源，汪长江．我国农产品贸易应对国际技术贸易壁垒的措施和出路［J].农村经济与科技，2016，27（09）：127-128+181.

[34] 江凌．技术性贸易壁垒对我国农产品出口影响分析及应对策略研究［D].重庆：西南大学，2012.

[35] 张瑜，杨翠红．非关税壁垒对中国出口的影响研究［J].计量

经济学报，2023，3（01）：68-87.

［36］聂海淦．非关税壁垒对我国农产品进出口的影响［J］．企业导报，2015（13）：90-91+94.

［37］杨秉珣．美日欧三大经济体农业政策发展研究［J］．世界农业，2014（09）：72-75.

［38］戚亚梅，叶志华．基于WTO通报视角的国外农产品技术性贸易措施特点分析［J］．世界农业，2012（10）：8-13+25.

［39］李雪梅．我国应对日本农产品技术性贸易壁垒的对策研究［J］．经济视角（下），2013（03）：107-108.

［40］严朝晖，肖友红，李林．世界鲇鱼产业现状及对我国斑点叉尾鮰产业市场定位的重新认识［J］．中国水产，2013（06）：36-40.

［41］戚亚梅．农产品技术性贸易措施实施热点和趋势分析［J］．世界农业，2014（11）：94-98+204.

［42］余佶．技术性贸易壁垒对农产品国际贸易的影响——一个经济学分析框架［M］．上海：上海社会科学院出版社，2009.

［43］黄祖辉，王鑫鑫，宋海英．中国农产品出口贸易结构和变化趋势［J］．农业技术经济，2009（01）：11-20.

［44］王七苟．我国农产品出口遭遇的贸易壁垒及解决路径分析［J］．对外经贸实务，2015（03）：40-42.

［45］季颖，张宏军，刘丰茂．国际食品法典和中国农产品分类实用手册［M］．北京：中国大百科全书出版社，2015.

［46］李金祥，张弘，王树双．世界动物卫生组织及其规则［M］．北京：中国农业科学技术出版社，2008.

［47］李乐，何雅静．水产品WTO通报评议与案例分析［M］．北京：中国农业出版社，2017.

［48］何雅静，李乐，宋怿．美国鲶鱼监管措施跟踪及中国的应对策

略 [J]. 世界农业，2016（07）：121-125+247-248.

[49] 中华人民共和国 WTO/TBT 国家通报咨询中心. 国外技术性贸易措施影响规律与应对策略 [M]. 北京：中国质检出版社，2016.

[50] World Trade Organization. WTO Dispute Settlement：One - Page Case Summaries 1995-2022 [R]. Geneva：WTO，2023.

[51] World Trade Organization. The WTO Agreements Series：Agriculture，3nd Edition [R]. Geneva：WTO，2016.

[52] Gallagher P，Low P，Stoler AL，editors. Managing the Challenges of WTO Participation：45 Case Studies [M]. Cambridge：Cambridge University Press，2005.

[53] Yalcin，Erdal，Gabriel Felbermayr，and Luisa Kinzius. Hidden Protectionism：Non - tariff Barriers and Implications for International Trade [J]. Ifo Centre for International Economics 2017（02）：1-44.

[54] Gourdon J，Stone S，Van Tongeren F. Non-tariff Measures in Agriculture [R]. 2020.

[55] Mao，R. Coalitions in International Relations and Coordination of Agricultural Trade Policies [J]. China Agricultural Economic Review，2023，15（02）：433-449.

[56] Ronen E. Tariffs and Non-tariff Measures：Substitutes or Complements [J]. A Cross-country Analysis，2017（02）：45-72.